Helga Jütten

Gottesdienste mit Kindern

HERDER

GEMEINDEPRAXIS

Helga Jütten

Gottesdienste mit Kindern

Ideen und Gestaltungsvorschläge

Mit CD-ROM

FREIBURG · BASEL · WIEN

In wenigen Fällen ist es uns trotz großer Mühen nicht gelungen, alle Inhaber von Urheberrechten und Leistungsschutzrechten zu ermitteln. Da berechtigte Ansprüche selbstverständlich abgegolten werden, ist der Verlag für Hinweise dankbar.

MIX
Papier aus verantwortungsvollen Quellen
FSC® C106847

© Verlag Herder GmbH, Freiburg im Breisgau 2014
Alle Rechte vorbehalten
www.herder.de

Umschlagkonzeption: excogito, Freiburg im Breisgau
Umschlagmotiv und Fotos innen: © KNA-Bild
Zeichnungen: © Justo G. Pulido, Bonn

Satz- und CD-ROM-Gestaltung: SatzWeise, Föhren
Herstellung: fgb · freiburger graphische betriebe
www.fgb.de

Printed in Germany

ISBN 978-3-451-31207-6

Inhalt

Vorwort 9

I. Gott begrüßen und ehren

1. Freu dich mit uns – *Eröffnung* 12
2. Wir feiern heut ein Fest – *Eröffnung* 13
3. Advent, Advent – *Lichterprozession* 14
4. Genug Öl in den Lampen – *Lichterprozession* 18
5. Du machst unser Leben hell – *Lichterprozession* 20
6. Mitten im Jahr – *Lichtertanz* 22
7. Den Weg bereiten – *Kyrie* 25
8. Meine engen Grenzen – *Kyrie* 27
9. Herr, erbarme dich – *Kyrie* 29
10. Wenn wir etwas falsch gemacht haben – *Bußakt* 31
11. Heile uns – *Bußakt* 32
12. Menschen machen Fehler – *Schuldbekenntnis* 34
13. Engel auf den Feldern – *Gloria* 36
14. Zur Ehre Gottes tanzen – *Gloria* 37
15. Wir loben dich, wir preisen dich – *Gloria* 39
16. Wir sind getauft – *Taufgedächtnis* 42

II. Gott hören und bitten

17. Wie ein Baum am Wasser – *Lesung* 48

18. Elija spürt Gott – *Lesung* 49

19. Du, unser Hirte – *Psalm 23* 51

20. Gott loben – *Psalm 113* 54

21. Ich lobe meinen Gott – *Psalm 9 (Psalmlied)* 57

22. Sich an der Schöpfung freuen – *Psalm 148* 59

23. Erzählt von Gott und seinen Wundern – *Psalm 96* 62

24. Klagen – *Psalm 130* 64

25. Gott vertrauen – *Psalm 27* 66

26. Beten in der Not – *Psalm 13* 68

27. Gott danken – *Psalm 103* 71

28. Gott und sein Wort loben – *Halleluja* 73

29. Auf Gottes Wort hören – *Lesung* 74

30. Ein Geist und viele Gaben – *Lesung und Auslegung* 76

31. Prozession mit dem Lektionar – *Evangelium* 79

32. Arbeiter im Weinberg – *Evangelium* 80

33. Unter die Räuber fallen? – *Evangelium* 81

34. Zachäus will Jesus sehen – *Evangelium* 84

35. Ein Sämann geht aufs Feld – *Evangelium* 86

36. Was wir glauben – *Glaubensbekenntnis* 88

37. Glauben ins Bild bringen – *Glaubensbekenntnis* 90

38. Gott ist dreifaltig einer – *Glaubensbekenntnis* 92

39. Tragt in die Welt ein Licht – *Fürbitten* 93

40. Ein Herz für andere haben – *Fürbitten* 95

41. Mauern einreißen – *Fürbitten* 96

42. Mein Gebet steige wie Weihrauch auf – *Fürbitten* 97

43. Um Werke der Barmherzigkeit bitten – *Fürbitten* 99

III. Gott loben und danken

44. Wir glauben, dass du lebst – *Zum Hochgebet* 102

45. Nimm, o Gott – *Gabenprozession* 103

46. Herr, wir bringen in Brot und Wein – *Gabenprozession* 105

47. Verwandle, was wir bringen – *Gabenprozession* 107

48. Teilen und Helfen – *Kollekte* 109

49. Siehe dein König kommt – *Sanctus* 111

50. Heilig, heilig, lasst uns singen – *Sanctus* 112

51. So sollt ihr beten – *Vaterunser* 115

52. Vater im Himmel – *Vaterunser* 119

53. Jesus lehrt uns beten – *Vaterunser* 121

54. Wünsche aus der Bibel – *Friedensgruß* 128

55. Lege auf uns deinen Frieden – *Friedensgruß* 129

56. Herr, gib uns deinen Frieden – *Friedensgruß* 131

57. Da berühren sich Himmel und Erde – *Friedensgruß* 132

58. Sprich nur ein Wort – *Lamm Gottes* 134

59. Gesendet und gesegnet – *Segen* 137

60. Komm Herr, segne uns – *Segen* 139

61. Behüte uns Gott – *Segen* 140

Vorwort

Damit Kinder mit Freude den Glauben feiern und verstehen können, müssen sie kindgerechte Feierformen erleben, die alle Sinne ansprechen. Dieses Buch bietet vielfältige Vorschläge, Kinder in die einzelnen Elemente des Gottesdienstes auf kreative Weise einzubeziehen. Die methodische Vielfalt reicht von Liedern und Gebeten, die von Gesten begleitet werden, über Tänze, Angebote, die Bilder, Symbole oder Legematerialien verwenden, bis zu Rollenspielen. Wählen Sie aus, was zu Ihnen und zu Ihrer Gruppe am besten passt. Alle Gestaltungsvorschläge sind für Kinder im Alter von 5–10 Jahren (Grundschulalter) geeignet. Dort, wo einzelne Elemente besonders für Kinder von 3–5 Jahren (Kita-Alter) gedacht sind, wird dies extra angegeben. Zugleich sind alle Anregungen so geplant, dass die gesamte Gemeinde es gut mitfeiern kann!

Für die Dialoge mit den Kindern ist es wichtig, nicht zu viel vorzugeben: Führen Sie offene Gespräche – ohne die Kinder auf Antworten festzulegen. Entwickeln Sie vielmehr die Fragen und Aussagen der Kinder weiter. Darauf müssen Sie sich selbstverständlich vorbereiten. Aber haben Sie Mut zur Lücke, wenn nicht alle Aspekte besprochen werden oder das Gespräch in einer für Sie unerwarteten Richtung verläuft. Es geht nicht darum, einen »perfekten« Gottesdienst »zu veranstalten«, sondern gemeinsam den Glauben zu feiern.

Die Gestaltungsvorschläge in diesem Buch können natürlich nicht auf jede Gemeindesituation oder den vorgegebenen Kirchenraum abgestimmt sein. Überlegen Sie entsprechend vor dem Gottesdienst, wie Sie das jeweilige Element umsetzen wollen und können. Einige Vorschläge aus dem Buch könnten in Ihrer Gemeinde auch regelmäßig zum Einsatz kommen.

Nehmen Sie sich z. B. auch die Freiheit, die Maße von Legebildern auf die Größe ihres Kirchenraumes anzupassen. Für die Arbeit mit Tüchern empfehle ich Ihnen »Pannesamt«, der sehr schön aussieht, gut zu legen und zu formen, unkompliziert zu waschen und auch in großen Mengen sehr preiswert zu erwerben ist.

Die Bewegungen zu Liedern und Tänzen habe ich zusammen mit Herrn Joachim Keppler entwickelt. Neben seiner Beratung zu Tanz und Choreografie hat er »männliche Komponenten« in die Bewegungen eingebracht, die auch Jungen die Möglichkeit geben, sich durch Gesten und Tänze auszudrücken. Herrn Keppler sei hier für seine Mitarbeit herzlich gedankt. Viele Tänze können problemlos 20 Minuten vor Gottesdienstbeginn mit den Kindern einstudiert werden. Machen Sie zunächst eine »Trockenübung«, in der Sie die Bewegungen vormachen und dazu den Liedtext sprechen. Die Kinder machen die Bewegungen mit. Anschließend können Sie das Lied zwei- bis dreimal singen und den kompletten Ablauf proben. Solange die Kinder Sie im Gottesdienst beobachten können, reicht diese Vorbereitung. Kinder, die später kommen, können sich dann einfach dazugesellen. Es ist wichtig, dass Sie sowohl das Lied als auch die Bewegungen sicher auswendig können.

Die Lieder, mit denen in diesem Buch gearbeitet wird, sind entweder dem Gotteslob entnommen oder sehr bekannte neue geistliche Lieder (z. B. aus Troubadour für Gott, Kolping-Bildungswerke 1999). Sicher kann Ihr Kirchenmusiker Ihnen mit Liedzetteln weiterhelfen. Zu einigen, eventuell unbekannteren Liedern sind in diesem Buch die Noten abgedruckt.

Aus Gründen der Übersichtlichkeit und Verständlichkeit wird meist auf die weibliche Anredeform verzichtet, sie wurde jedoch immer mitgedacht.

Ich danke Pfarrer Dr. Ronald Klein für ein anregendes Brainstorming zu diesem Buch, Kaplan Christoph Heinzen für die kritische Durchsicht einiger Gottesdienstelemente und Herrn Justo Pulido für seine Zeichnungen. Außerdem danke ich Frau Dr. Esther Schulz, Lektorin, und dem Verlag Herder für die gute Zusammenarbeit.

Viel Freude beim Umsetzen der Vorschläge und gute Gottesdiensterfahrungen wünscht Ihnen

Helga Jütten

I. Gott begrüßen und ehren

1. Freu dich mit uns

Eröffnung

Termin:	Jahreskreis; z. B. 23. Sonntag im Jahreskreis im Lesejahr A (Mt 18,15–20: Wo zwei oder drei …)
Methode:	Gesang und Tanz
Materialien:	– fünf Stoffbahnen (30 cm × 2,5 m) in Blau, Grün, Gelb, Orange und Rot

■ Gestaltung

▪ Hinführung:

Das Lied, das wir nun singen werden, erzählt von dem, was der Evangelist Matthäus sagt (Mt 18,20): Wo zwei oder drei in meinem Namen versammelt sind, da bin ich mitten unter ihnen.
Die Kinder wollen das nun mit ihrem Tanz veranschaulichen. Stoffbahnen überkreuzen sich an einem Mittelpunkt und ergeben einen Kreis. Die bunten Farben zeigen unsere Verschiedenheit. Der Mittelpunkt deutet auf unsere Verbundenheit in Christus hin.

▪ Lied:

Komm her, freu dich mit uns *(GL 148)*

▪ Durchführung:

*Mindestens zwei Kinder nehmen jeweils die Enden der blauen Stoffbahn und stellen sich einander gegenüber, wobei sie die Stoffbahn zwischen sich spannen. Mindestens zwei weitere Kinder nehmen die grüne Stoffbahn und stellen sich in gleicher Weise wie die ersten zwei Kinder so hin, dass die gespannten Stoffbahnen sich überkreuzen. Ein weiteres Kind stellt sich zu den mindestens vier Kindern.
Die übrigen sechs Kinder stellen sich in einiger Entfernung auf. Jeweils zwei Kinder bekommen eine Stoffbahn.
Das Kind, das keine Stoffbahn hat, geht bei der ersten Strophe zu den Kindern mit der gelben Stoffbahn und führt sie zu den Kindern, die ihre Stoffbahnen bereits*

überkreuzt halten. Die gelbe Stoffbahn wird nun über die blaue und grüne Stoffbahn gespannt, so dass allmählich ein Kreis entsteht, in dessen Innerem die Stoffbahnen sternförmig gespannt sind.
Bei der zweiten und dritten Strophe wiederholt sich die Aktion, zuerst mit der orangen und zuletzt mit der roten Stoffbahn.
Die Stoffbahnen können nach Beendigung des Liedes einfach auf den Boden gelegt werden.

2. Wir feiern heut ein Fest
Eröffnung

Termin:	häufig möglich
Methode:	Gesang und Tanz
Altersgruppe:	auch Kita-Alter

■ Gestaltung

▪ Lied:

Wir feiern heut ein Fest *(TG 1047)*

Die Kinder stehen zu Beginn des Liedes im Mittelgang der Kirche.

▪ Refrain:

Herrein, herein! Wir laden alle ein.
   Die Kinder drehen sich zur Gemeinde und winken die Menschen mit einem Arm herein.

Strophe 1:
Wir feiern heut ein Fest und kommen hier zusammen.
Wir feiern heut ein Fest, weil Gott uns alle liebt.

Die Kinder gehen durch den Mittelgang der Kirche nach vorne, dabei klatschen sie in die Hände.

Strophe 2:
Wir feiern heut ein Fest und singen miteinander.
Wir feiern heut ein Fest, weil Gott uns alle liebt.
   Die Kinder fassen sich an den Händen und drehen sich im Kreis.

Strophe 3:
Wir feiern heut ein Fest und danken für die Gaben.
Wir feiern heut ein Fest, weil Gott uns alle liebt.
   Die Kinder halten die Arme nach oben und bewegen sie leicht.

Strophe 4:
Wir feiern heut ein Fest und teilen miteinander.
Wir feiern heut ein Fest, weil Gott uns alle liebt.
   Die Kinder fassen sich an den Händen und schaukeln mit den Armen nach vorne und hinten.

3. Advent, Advent …

Lichterprozession

Termin:	Adventszeit
Methode:	Prozession
Materialien:	– Prozessionskerze und geschmückter Leuchter – ggf. zusätzliche Kerzen für den Kirchenraum (z. B. zwei Kerzen pro Kirchenbank; falls elektrisches Licht nötig ist, dann so sparsam wie möglich beleuchten) – Kerzen in Anzahl der zu erwartenden Kinder (z. B. Teelichter in Glasschalen)
Altersgruppe:	auch Kinder im Kita-Alter

▪ Gestaltung

Der Leuchter für die Prozessionskerze wird deutlich sichtbar im Altarraum aufgestellt, die Kerzen am Altar, am Adventskranz und im Kirchenraum werden nicht entzündet, der Kirchenraum bleibt möglichst sparsam beleuchtet.

Die Kinder und die ganze Gemeinde versammeln sich mit den Kerzen in den Händen am Eingang der Kirche, wo sie begrüßt werden:

In der Adventszeit warten wir auf die Geburt von Jesus, der Gottes Sohn ist. Er ist für uns das Licht in aller Dunkelheit unseres Lebens.

Die Prozessionskerze wird angezündet.

Wir beginnen unseren Gottesdienst im Namen des Vaters, des Sohnes und des Heiligen Geistes. Amen.
Wir tragen jetzt das Licht dieser Kerze, die ein Symbol für Christus ist, in unsere Kirche. So wie das Licht unsere Kirche erleuchtet, so macht Jesus unser Leben hell und schön.

▪ Einzugsprozession:

*Während der Prozession spielt die Orgel. Der Gottesdienstleiter geht mit der Prozessionskerze voran, ihm folgen zwei Messdiener, die Kinder und dann die restlichen Messdiener. Die übrigen Gottesdienstbesucher nehmen ihre Plätze ein.
Die Prozessionskerze wird auf den Leuchter gestellt. Dazu wird gebetet:*

Im Namen unseres Herrn Jesus Christus: Licht und Frieden.
Dank sei Gott.

Die Kerzen der Kinder und der Messdiener werden an der Prozessionskerze angezündet, anschließend zünden die Messdiener die Kerzen im Altarraum an und die Kinder gehen in den Kirchenraum, um das Kerzenlicht in die Kirchenbänke weiterzureichen. Währenddessen wird ein »Lichthymnus« gesungen:

■ Lied:

Tragt in die Welt nun ein Licht
T/M: Wolfgang Longardt, © Verlag Ernst Kaufmann, Lahr

oder: Mache dich auf und werde Licht *(GL 219)*
oder: Wie eine Kerze leuchtet *(T/M: Franz Kett)*

Die Kinder versammeln sich mit ihren Kerzen erneut vor der Prozessionskerze.

Lasset uns beten:
Gott, unser Vater,
wir loben und preisen dich,
denn du hast die ganze Welt gemacht.
So wie die Sonne vom Himmel strahlt,
so erfüllst du uns mit Leben und Freude.

Wir danken dir,
dass Jesus dein Licht in unsere Welt gebracht hat.
Er macht die Kleinen stark
und gibt den Armen Hoffnung.
Er tröstet alle, die traurig sind,
und heilt die Kranken.

Du schenkst uns den Heiligen Geist,
der in unseren Herzen die Liebe entzündet.
Du möchtest, dass wir selber Licht sind
und in das Dunkel der Welt strahlen.
Dir sei Lob und Dank und Ehre,
heute und alle Tage unseres Lebens.
Amen.

(Am ersten Advent segnet der Gottesdienstleiter den Adventskranz.)
Entsprechend dem Adventssonntag zünden ein bis vier Kinder jetzt die Kerzen am Adventskranz an. Dazu singt die Gemeinde: Wir sagen euch an den lieben Advent *(GL 223)*
Die Kinder gehen auf ihre Plätze in der Kirchenbank zurück.

4. Genug Öl in den Lampen

Lichterprozession

Termin:	z. B. 32. Sonntag im Jahreskreis im Lesejahr A (Mt 25,1–13: Gleichnis von den zehn Jungfrauen)
Methode:	Prozession
Materialien:	– Prozessionskerze und zwei Kerzenleuchter – Teelichter in Glasschalen in Anzahl der zu erwartenden Kinder und fünf weitere – ein dunkelgrünes Tuch (ca. 2 m × 2 m)

Gestaltung

Die brennende Prozessionskerze auf einen Kerzenleuchter im Eingangsbereich der Kirche stellen, den anderen Kerzenleuchter im Altarraum platzieren. Das Tuch wird um den Leuchter im Altarraum gelegt, darauf werden fünf Teelichter in Glasschalen gestellt, die nicht brennen, und die Teelichter für die Kinder, die brennen. Die Kinder versammeln sich zum Beginn des Gottesdienstes um den leeren Kerzenleuchter im Altarraum. Die Gemeinde kann beide Leuchter sehen – kann sich zum Leuchter im Eingangsbereich umdrehen.

Lied:

Wachet auf, ruft uns die Stimme (GL 554, Strophe 1)

Hinführung:

Wir beginnen unseren Gottesdienst im Namen des Vaters, des Sohnes und des Heiligen Geistes. Amen.

In dem Lied, von dem wir eben die erste Strophe gesungen haben, heißt es »der Bräutigam kommt, steht auf, die Lampen nehmt ... macht euch bereit zu der Hochzeit, ihr müsset ihm entgegen gehen.« Der Bräutigam ist in diesem Lied ein Bild für Jesus, und die Hochzeit steht für die innige und schöne Gemeinschaft mit Jesus. Für uns heißt das: Wenn wir mit Jesus zusammen sein möchten, dann müssen wir uns auf den Weg machen und ihm entgegengehen. Die Jungfrauen aus dem Lied werden aufgefordert, ihre Lampen zu nehmen und zu Jesus zu gehen. Wir wollen zu Beginn dieses Gottesdienstes Jesus empfangen – unser Inneres für ihn öffnen. Deswegen gehen wir ihm genau wie die Jungfrauen aus dem Lied entgegen.

Die Kinder werden eingeladen, sich ein brennendes Teelicht von dem Tuch zu nehmen. Gemeinsam gehen sie in einer Prozession mit den Lichtern in den Eingangsbereich der Kirche und stellen sich um die brennende Prozessionskerze.

Wir versammeln uns zum Gottesdienst, weil wir Jesus begegnen möchten. Das Licht dieser Kerze ist ein Symbol für Jesus. Wenn wir diese Kerze jetzt in den Altarraum bringen, setzen wir damit ein Zeichen, dass wir die Einladung Jesu annehmen, um mit ihm zusammen zu sein.

Der Gottesdienstleiter nimmt die Prozessionskerze und geht mit den Kindern in Prozessionsordnung in den Altarraum. Während der Prozession singt die Gemeinde die Strophen 2 und 3 des Liedes.

Der Gottesdienstleiter stellt die Kerze auf den Leuchter. Die Kinder stellen sich in einem Kreis um den Kerzenleuchter.

Lasset uns beten.
Wir loben und preisen dich Jesus,
du bist wie das Licht,
du machst unser Leben hell.
Du bist unser Freund und
du willst ganz nah bei uns sein.
Wir danken dir dafür, heute und allezeit.
Amen.

Die Kinder stellen ihre Kerzen auf das Tuch um den Leuchter herum und gehen auf ihre Sitzplätze.

Zum Evangelium, nehmen die Kinder erneut die Kerzen und stellen sich links und rechts vom Ambo auf (ggf. auch mit Prozession). Nach dem Evangelium stellen die Kinder die Kerzen wieder zur großen Prozessionskerze.

5. Du machst unser Leben hell

Lichterprozession

Termin:	Darstellung des Herrn
Methode:	Prozession
Materialien:	– ein kleiner Tisch und darauf:
	• Tischdecke und Kerzenleuchter mit Kerze
	• schönes Lektionar
	– Teelichter in Glasschalen in Anzahl der zu erwartenden Kinder (evtl. Kerzen für die Gemeinde)
Altersgruppe:	auch Kinder im Kita-Alter

▪ Gestaltung

Den Tisch mit der brennenden Kerze und dem Lektionar im Eingangsbereich der Kirche aufstellen.
Die ganze Gemeinde versammelt sich zum Beginn des Gottesdienstes um die Kerze. Alle bekommen eine brennende Kerze.

▪ Lied:

In der Mitte der Nacht *(TG 467)*

▪ Hinführung:

Vierzig Tage nach Weihnachten feiern wir heute das Fest »Darstellung des Herrn«. An diesem Fest denken wir daran, dass Maria Jesus nach Jerusalem in den Tempel gebracht hat. Für die Menschen damals war der Tempel der Ort, wo Gott auf der Erde wohnt, ähnlich wie wir an die Anwesenheit Gottes in unseren Kirchen glauben.
Da Jesus der erste Sohn von Maria und Josef war, galt er nach damaliger Vorstellung als besonderes Eigentum Gottes (Ex 13, 2.15). Symbolisch wurde er Gott übergeben – »dargestellt« – und durch ein Opfer (Num 18, 16) ausgelöst. Davon werden wir nachher genauer erfahren.
Jesus wird im Tempel von zwei Menschen besonders begrüßt: einem Mann, der

Simeon heißt, und einer Frau, die Hanna heißt. Die beiden wissen, dass Jesus der Sohn Gottes ist und dass er Licht in ihr Leben und in das aller Menschen bringt.

Auch wir wollen Jesus heute hier am Eingang der Kirche begrüßen. Jesus ist in unserer Kirche anwesend im eucharistischen Brot und in der Heiligen Schrift, dem Wort Gottes. Deshalb liegt hier das Lektionar, darin stehen die Erzählungen aus der Bibel, die wir im Gottesdienst lesen. *(Der Gottesdienstleiter zeigt den Kindern das Lektionar.)* Weil Jesus heute, genau wie bei Simeon und Hanna damals, Licht in unser Leben bringt, begrüßen wir ihn mit brennenden Kerzen. Dazu wollen wir nun die Kerzen segnen.

Gott, du bist das Licht für uns.
Du hast dem Simeon und der Hanna Jesus, deinen Sohn, gezeigt.
Er ist für alle Menschen zum Licht geworden,
besonders für die Armen und Unterdrückten.
Segne + diese Kerzen,
die wir in unseren Händen tragen,
und die zu deinem Lob brennen.
Lass dein Licht auf unserem Weg leuchten,
damit wir unser ganzes Leben lang auf dich zugehen.
Darum bitten wir durch Christus, unseren Herrn.
Amen.

Mit Jesus in unserer Mitte ziehen wir jetzt in unsere Kirche ein.

Bei der Lichterprozession gehen zuerst zwei Messdiener, dann einige Kinder, danach ein größeres Kind, welches das Lektionar trägt, zwei kleinere rechts und links neben ihm, dann die anderen Kinder, danach kommen die anderen Messdiener und der Gottesdienstleiter (anschließend die Gemeinde).
Während der Prozession können folgende Lieder gesungen werden:

Erfreue dich Himmel, erfreue dich Erde *(GL 467)*
oder: Kommt herbei, singt dem Herrn *(GL 140)*
oder: Singt dem Herrn ein neues Lied *(GL 409)*

Die Kinder stellen sich in einen Kreis um den Ambo, auf den das Lektionar gelegt wird.

Jesus, du bist mitten unter uns,
dein Licht macht unser Leben hell,
du vergibst uns unsere Schuld
und schenkst uns deinen Frieden.
Amen.

Es folgen Schuldbekenntnis, Kyrie.

■ Lied zum Gloria:

Gloria, Ehre sei Gott *(T/M: Stimmer-Salzeder, GL 169)*
oder: Gloria, gloria in exscelsis Deo *(Kanon Taizé, GL 168,1)*
oder: Gloria, gloria in exscelsis Deo *(M: Lécot, GL 173,1)*

Es folgen erste Lesung, Antwortpsalm, zweite Lesung und Halleluja.

Zur Verlesung des Evangeliums versammeln sich die Kinder mit den Kerzen um den Ambo (im Halbkreis, der zur Gemeinde geöffnet ist). Anschließend begleiten sie das Lektionar zu einem extra Lesepult oder Tisch und stellen ihre Kerzen dort ab. (Dort kann das Evangelium des Sonntags aufgeschlagen liegen und von Kirchenbesuchern auch nach dem Gottesdienst gelesen werden.)

6. Mitten im Jahr
Lichtertanz

Termin:	Sonntage im Jahreskreis
Methode:	Lichtdanksagung, Lichtertanz
Materialien:	– Prozessionskerze und geschmückter Leuchter – Kerzen in Anzahl der zu erwartenden Kinder (z. B. Teelichter in Glasschalen) – ein Docht oder eine kleine Kerze, Streichhölzer
Altersgruppe:	auch Kinder im Kita-Alter

Gestaltung

Gestaltung des Raumes:

Der Leuchter für die Prozessionskerze wird für alle sichtbar im Altarraum aufgestellt, die Kerzen am Altar und im Kirchenraum werden nicht entzündet, der Kirchenraum bleibt möglichst sparsam beleuchtet.

Einzugsprozession:

Der Gottesdienstleiter zieht mit der brennenden Prozessionskerze ein, ihm folgen die Messdiener. Während der Prozession spielt die Orgel. Nachdem alle den Altarraum erreicht haben:

Wir beginnen im Namen des Vaters, des Sohnes und des Heiligen Geistes.
Amen.
Jesus, wer dir folgt, wird das Licht des Lebens haben –
und so bitten wir zu Beginn unseres Gottesdienstes:
Mache unser Leben hell. Amen.

Der Gottesdienstleiter stellt die Prozessionskerze auf den Leuchter. Die Kinder versammeln sich mit ihren Kerzen um die Prozessionskerze, mit Hilfe des Dochts (oder der kleinen Kerze) werden die Kerzen der Kinder angezündet.

Lichthymnus:

Gottes Liebe ist wie die Sonne *(TG 5)*

Tanzbewegungen zum Lichthymnus:

Die Kinder stellen sich im Abstand ihrer ausgestreckten Arme in einem Kreis um die Prozessionskerze auf. (Sollten nur wenige Kinder da sein, stellen sich die Kinder in einem Halbkreis auf, mit dem Rücken zur Gemeinde.)
Ausgangsposition: Die Kinder halten die Hände locker vor dem Bauch, die rechte Hand hält die Kerze, die linke Hand wird unter die rechte gelegt. Diese Position wird am Ende des Refrains und der Strophen immer wieder eingenommen.

Refrain:
Gottes Liebe ist wie die Sonne, sie ist immer und überall da.

Die Kinder heben aus der Ausgangsposition heraus die Arme locker und fließend nach vorne hin (dabei bleiben die Hände zusammen) und lassen sie wieder locker in die Ausgangsposition »fallen«.

Strophe 1:
Streck dich ihr entgegen, nimm, soviel du willst;
   Die Kinder führen aus der Ausgangsposition mit einer leicht öffnenden Bewegung die Arme nach vorne.

trinke ihre Strahlen, nimm sie in dich auf.
   Die linke Hand hebt sich nach vorne zum Licht der Prozessionskerze, »nimmt von dem Licht« mit einer greifenden Bewegung der Hand, führt die Hand zum Mund und runter zum Bauch, evtl. Bauch streicheln.

Strophe 2:
Sie kann dich verändern, heute, wenn du willst;
   Aus der Ausgangsposition die linke Hand auf das Herz legen, gleichzeitig neigt sich der Kopf nach unten (überlegende Haltung).

gib ihr deine Antwort, vertrau dich ihr ganz an.
   Die linke Hand zur Prozessionskerze hin ausstrecken und den Daumen ausgestreckt nach oben halten.

Strophe 3:
Nie wird eine Wolke vor Gottes Liebe sein;
   Die Kinder machen aus der Ausgangsposition eine Vierteldrehung nach links. (Die Prozessionskerze wird jetzt für die Gemeinde besser sichtbar.)

gib die Liebe weiter an den, der nicht lieben kann.
Die Kinder machen eine weitere Vierteldrehung nach links, sie stehen jetzt mit dem Gesicht zur Gemeinde, und strecken die rechte Hand mit der Kerze zur Gemeinde hin, die linke Hand geht in einer leicht öffnenden Bewegung ebenfalls nach vorne.
Der letzte Refrain entfällt, oder wird in dieser Position verbleibend gesungen.

Die Kinder versammeln sich mit ihren Kerzen vor der Prozessionskerze.

Lasset uns beten.
Wir preisen dich, Gott,
du bist wie die strahlende Sonne,
voll Wärme, Licht und Liebe.
Du bist bei uns
an allen Tagen unseres Lebens.
Wir loben und preisen dich durch deinen Sohn,
unseren Herrn Jesus Christus,
der dein Licht auf der Erde aufscheinen lässt,
in der Einheit mit dem Heiligen Geist,
jetzt und alle Zeit.
Amen.

Die Kinder gehen auf ihren Platz in der Kirchenbank zurück.
Es folgt die erste Lesung.

7. Den Weg bereiten

Kyrie

Termin:	Adventszeit
Methode:	Liedruf und Gestalten mit Legematerialien
Materialien:	– ein braunes Tuch (1 m × 50 cm)
	– ein Türgriff aus rotem Tonkarton (15 cm)
	– ein Smiley aus gelbem Tonkarton (∅ 25 cm)
	– eine beige Stoffbahn (1 m × 25 cm)
	– zwei Herzen aus rotem Tonkarton (∅ 25 cm)
	– eine weiße Stoffbahn (1 m × 40 cm), auf die mit Stofffarben die Worte »Ich bin für euch da« geschrieben sind

■ **Gestaltung**

▪ Liedruf:

Herr, erbarme dich *(GL 157)*

Kind 1: Advent heißt, Gott will bei den Menschen sein.
  Kind 2 legt die weiße Stoffbahn vor den Altar, so dass die Worte »Ich bin für euch da« deutlich zu lesen sind.
Kind 3: Herr Jesus Christus, ich danke dir, dass du mich liebst.
  Kind 4 legt das Herz auf die weiße Stoffbahn.

Liedruf

Kind 5: Advent heißt Ankunft.
  Kind 6 legt das braune Tuch mit dem Türgriff vor den Altar.
Kind 7: Herr Jesus Christus, ich freue mich, dass du in diesem Gottesdienst zu mir kommst.
  Kind 8 legt den Smiley auf die Tür.

Liedruf

Kind 9: Advent heißt, den Weg für Gott bereiten.
  Kind 10 legt die beige Stoffbahn vor den Altar.
Kind 11: Herr Jesus Christus, ich möchte dir mein Herz öffnen.
  Kind 12 legt das Herz auf den Weg.

Liedruf

▪ Alternativ:

Sind nicht so viele Kinder anwesend, können die Vorlesenden auch das entsprechende Symbol vor den Altar legen.

8. Meine engen Grenzen
Kyrie

Termin:	Fastenzeit, Gottesdienste zum Thema »Sündenvergebung« oder »Heilung«, z. B.: 30. Sonntag im Jahreskreis im Lesejahr B (Mk 10, 46–52: Heilung des blinden Bartimäus)
Methode:	Gesang und Tanz
Alter:	auch Kita-Alter

■ Gestaltung

Die Kinder versammeln sich im Raum vor den Altar in einem Halbkreis zum Eingang der Kirche gewandt.

■ Hinführung:

Wir stehen vor Gott, so wie wir sind – mit unserem Scheitern und unserer Sehnsucht. Wir bitten Christus zu uns zu kommen, in unser Leben, um uns zu heilen und zu verwandeln. Damit wir ein Leben in der Freiheit der Kinder Gottes führen können.

■ Lied:

Meine engen Grenzen *(GL 437)*

Strophe 1:
Meine engen Grenzen,
    Die Arme eng um den Oberkörper legen.
meine kurze Sicht,
    Den Kopf nach unten beugen.
bringe ich vor dich.
    Die Arme mit Handflächen nach oben nach vorne strecken.

Refrain:
Wandle sie in Weite,

Die Hände bewegen sich vor dem Oberkörper um einen imaginären Ball.
Herr, erbarme dich.
    Die Hände streichen vom Kopf am Körper entlang runter zum Herzen.

Strophe 2:
Meine ganze Ohnmacht,
    Kopf nach unten beugen.
was mich beugt und lähmt,
    Oberkörper nach vorne beugen.
bringe ich vor dich.
    Die Arme mit Handflächen nach oben nach vorne strecken.

Refrain:
Wandle sie in Stärke,
    Die Hände bewegen sich vor dem Oberkörper um einen imaginären Ball.
Herr, erbarme dich.
    Die Hände streichen vom Kopf am Körper entlang runter zum Herzen.

Strophe 3:
Meine verlornes Zutraun,
    Die Arme abwehrend vor den Oberkörper nehmen.
meine Ängstlichkeit,
    Die Arme in der abwehrenden Haltung vor den Kopf nehmen.
bringe ich vor dich.
    Die Arme mit Handflächen nach vorne oben strecken.

Refrain:
Wandle sie in Wärme,
    Die Hände bewegen sich vor dem Oberkörper um einen imaginären Ball.
Herr, erbarme dich.
    Die Hände streichen vom Kopf am Körper entlang runter zum Herzen.

Strophe 4:
Meine tiefe Sehnsucht
    Hände ans Herz legen.
nach Geborgenheit
    In den Armen ein imaginäres Baby wiegen.

bringe ich vor dich.
Die Arme mit Handflächen nach vorne oben strecken.

Refrain:
Wandle sie in Heimat,
Die Hände bewegen sich vor dem Oberkörper um einen imaginären Ball.
Herr, erbarme dich.
Die Hände streichen vom Kopf am Körper entlang runter zum Herzen.

■ Alternativ:

Bei den Strophen werden keine Gesten gemacht. Die Kinder stehen mit leicht gebeugten Kopf und Schultern und leeren Händen vor Gott. Bei der vierten Strophe ist die Haltung aufrechter. Ab den Worten »bringe ich vor dich« folgen die Gesten, wie oben beschrieben.

9. Herr, erbarme dich
Kyrie

Termin: Jahreskreis, z. B. 30. Sonntag im Jahreskreis im Lesejahr A (Mk 10, 46–52: Heilung des blinden Bartimäus)

Methode: Kyrieruf mit Gesten

■ **Gestaltung**

Die Kinder stehen vorne vor den Kirchenbänken mit Blick zum Altar.
Der Kyrie-Ruf wird dreimal gesungen. Das erste Mal mit »Herr, erbarme dich«, das zweite Mal mit »Christus erbarme dich«, das dritte Mal mit »Herr erbarme dich«.

▪ Hinführung:

Wir halten Ausschau nach Christus, den wir in unserer Mitte begrüßen wollen (so wie der blinde Bartimäus, der die Anwesenheit Jesu spürt und ihn ruft). Wir gehen Christus entgegen als Heilsbringer, der uns von allem befreit, was uns hindert, ihm nachzufolgen.

▪ Liedruf:

Herr, erbarme dich *(GL 157)*

Herr, erbarme dich …
Den Zeigefinger der linken Hand nach oben halten, dabei den Arm mit nach oben nehmen, so wie man seine Mitmenschen auf ein Geräusch aufmerksam machen möchte. Entsprechend schauen sich die Kinder aufmerksam um, was beim zweiten »Herr, …« durch die rechte Hand unterstützt wird, die sich wie ein Schirm über die Augen legt.

Christus, erbarme dich …
Arme nach vorne nehmen und bei jedem »erbarme dich« einen kleinen Schritt nach vorne gehen.

Herr, erbarme dich …
Beide Hände über die Augen legen und im großen Bogen langsam nach außen-unten-hinten führen, dabei aufrecht hinstellen (Geste der Befreiung).

▪ Alternative:

▪ Liedruf:

Herr, erbarme dich *(GL 181, 1)*

Herr, erbarme dich.
Den rechten Arm nach oben strecken und langsam winken.

Christus, erbarme dich.
In einer willkommen heißenden Geste die rechte Hand in leichtem Bogen bis

auf Bauchhöhe führen, die linke Hand ebenfalls auf Bauchhöhe nehmen, sie gewissermaßen auf die Hüfte eines imaginären Gegenübers legen.

Herr, erbarme dich.
Die Hände wie zwei geöffnete Schalen in Brusthöhe halten.

Mit dem Liedruf und den Gesten wird jeweils auf einen Kyrie-Ruf geantwortet.

▪ Beispiele für Kyrie-Rufe:

Herr, Jesus Christus, du liebst alle Menschen, die kleinen und die großen.
Herr, Jesus Christus, du bist bei uns, wenn wir uns in deinem Namen versammeln.
Herr, Jesus Christus, du gehst mit uns auf allen unseren Wegen.
Herr, Jesus Christus, du bist der Sohn Gottes.
Herr, Jesus Christus, du bist für uns Mensch geworden.
Herr, Jesus Christus, du bist heute in Wort und Brot gegenwärtig.

10. Wenn wir etwas falsch gemacht haben
Bußakt

Termin:	Fastenzeit
Methode:	Gestalten mit Legematerialien
Materialien:	– drei violette Tücher (40 cm × 40 cm) – drei Sonnen aus Tonkarton (⌀ 20 cm)

▪ **Gestaltung**

▪ Hinführung:

In den Tagen der Vorbereitung auf das Osterfest wollen wir uns anschauen, wo wir andere Menschen verletzt haben. Ihr Schmerz ist auch der Schmerz Gottes.

Vor jedem Schuldeingeständnis legen die Kinder ein violettes Tuch auf die Stufen zum Altarbereich. Nach jedem formulierten guten Vorsatz legen die Kinder eine »Sonne« auf jedes der violetten Tücher.

Kind 1: Wir haben uns mit anderen Kindern gestritten und wollten nicht nachgeben.

Kind 2: Wir wollen aufeinander zugehen und uns wieder vertragen.

Kind 3: Wir haben unseren Geschwistern etwas weggenommen und wollten es behalten.

Kind 4: Wir wollen zurückgeben, was wir uns genommen haben.

Kind 5: Wir haben gelogen und uns über den Vorteil, den wir dadurch hatten, gefreut.

Kind 6: Wir wollen die Wahrheit sagen.

Weitere Beispiele der Kinder

Gott, der uns alle liebt, vergebe uns unsere Schuld und helfe uns, gut zueinander zu sein. Amen.

11. Heile uns

Bußakt

Termin:	23. Sonntag im Jahreskreis im Lesejahr B (Mk 7, 31–37: Heilung eines Taubstummen); 30. Sonntag im Jahreskreis im Lesjahr B (Mk 10, 46–52: Heilung des Bartimäus)
Methode:	Gebet mit Symbolen
Materialien:	– drei Smileys mit geradem Mund ($\varnothing$ 35 cm) auf je einem weißen Karton, beim ersten ist rotes Klebeband über den Augen, beim zweiten über den »Ohren«, beim dritten über dem Mund – ein lachender Smiley ($\varnothing$ 35 cm)

▪ Gestaltung

▪ Hinführung:

Blindheit steht bei Jesus oft für Menschen, die Gott nicht erkennen können, und Taubheit für Menschen, die nicht auf Gottes Wort hören können. Wenn Jesus diese Menschen heilt, dann stellt er die Beziehung zu Gott wieder her, sodass sie Gott sehen und hören können. Auch wir können oder wollen Gott manchmal nicht sehen oder hören. Bitten wir ihn jetzt, alles wegzunehmen, was uns von ihm trennt.

V: Erbarme dich, Herr, unser Gott, erbarme dich.

Kind 1: Wir bringen dir unsere verschlossenen Augen.
  Kind hält den Smiley mit den überklebten Augen hoch.
Wir schauen weg, wenn Kinder ausgegrenzt oder gemobbt werden.

V: Erbarme dich, Herr, unser Gott, erbarme dich.

Kind 2: Wir bringen dir unsere verschlossenen Ohren.
  Kind hält den Smiley mit den überklebten Ohren hoch.
Wir hören nicht zu, wenn uns jemand von seinem Kummer erzählt.

V: Erbarme dich, Herr, unser Gott, erbarme dich.

Kind 3: Wir bringen dir unseren verschlossenen Mund.
  Kind hält den Smiley mit dem überklebten Mund hoch.
Wir widersprechen nicht, wenn jemand gehänselt oder ausgelacht wird.

V: Erweise uns, Herr, deine Huld.

Kind 4: Und schenke uns dein Heil.
  Kind hält den lachenden Smiley hoch. Die anderen Kinder nehmen ihren Smiley wieder herunter und verdecken ihn.

V: Der allmächtige Gott erbarme sich unser. Er lasse uns die Sünden nach und führe uns zum ewigen Leben. Amen.

12. Menschen machen Fehler

Schuldbekenntnis

Termin:	z. B. 30. Sonntag im Jahreskreis im Lesjahr C (Lk 18, 9–14: Pharisäer und Zöllner)
Methode:	Gesten und Veranschaulichung mit Symbolen
Materialien:	– zwei rote Herzen aus Tonkarton ($\varnothing$ 25 cm); davon wird das eine Herz auf einen grauen Tonkarton (30 cm × 30 cm) geklebt, der dick schwarz umrahmt ist; das andere Herz wird mit einer geöffneten Tür (5 cm × 10 cm) versehen – rote Tonkartonherzen ($\varnothing$ 10 cm) und Sicherheitsnadeln in der Anzahl der zu erwartenden Kinder – Zettel mit dem Schuldbekenntnis für alle Kinder

■ Gestaltung

Im Evangelium werden wir heute von zwei Männern hören, die in den Tempel kommen. Der erste hält alle Regeln und Gebote Gottes ein. Aber er ist hochmütig geworden; das bedeutet, er möchte in der ersten Reihe, ganz vorne stehen.
Der Gottesdienstleiter lädt ein Kind ein, anstatt vorne im Kirchenschiff zu sitzen, sich oben auf die Altarstufen zu stellen.

Der zweite Mann weiß, dass er viel gesündigt hat, deshalb bleibt er weiter hinten stehen. Dort bekennt er Gott in aller Demut, was er falsch gemacht hat.
Der Gottesdienstleiter lädt ein zweites Kind ein, anstatt weiter hinten in der Kirche zu sitzen, sich unten auf die Altarstufen zu stellen.

Der erste Mann hat sein Herz verhärtet. Da kommt Gott nicht hinein.
Das erste Kind hält das Tonkartonherz mit dem Rahmen in den Händen.

Der zweite Mann, der seine Schuld bekennt, öffnet sein Herz für Gott.
Das zweite Kind hält das Tonkartonherz mit der Tür in den Händen.

Zu Beginn unseres Gottesdienstes wollen wir so wie der zweite Mann unser Herz für Gott öffnen. Deshalb bekennen wir gemeinsam unsere Schuld vor Gott. Während wir unsere Schuld bekennen, legen wir dreimal unsere rechte Hand ans Herz, so als wollten wir an eine Tür klopfen.
Damit wir immer daran denken, Gott unser Herz zu öffnen, bekommt ihr jetzt alle ein Papier-Herz. Wir wollen es uns heute sichtbar anstecken.

Der Gottesdienstleiter bekommt auch eines, macht vor, wie es angesteckt wird.
Die Papier-Herzen werden angeheftet, bei den Kleinsten helfen.

Wenn wir jetzt unsere Schuld bekennen, dann können wir uns vorstellen, an die Tür unseres Herzens zu klopfen, damit sie sich für Gott öffnet.

Das Schuldbekenntnis auf Zetteln verteilen, wenn die Kinder das Schuldbekenntnis noch nicht kennen (und GL 582, 4 anzeigen).

V: Wir sprechen jetzt gemeinsam das Schuldbekenntnis:
A: Ich bekenne Gott, dem Allmächtigen, und allen Brüdern und Schwestern, dass ich Gutes unterlassen und Böses getan habe – ich habe gesündigt in Gedanken, Worten und Werken –
durch meine Schuld,
   Ans Herz klopfen.
durch meine Schuld,
   Ans Herz klopfen.
durch meine große Schuld.
   Ans Herz klopfen.
Darum bitte ich die selige Jungfrau Maria, alle Engel und Heiligen und euch, Brüder und Schwestern, für mich zu beten bei Gott, unserem Herrn.

V: Das bedeutet: Wir wollen auch füreinander beten und uns auch untereinander verzeihen. Daher bitten wir:
Der allmächtige Gott erbarme sich unser. Er lasse uns die Sünden nach und führe uns zu ewigen Leben. Amen.

13. Engel auf den Feldern
Gloria

Termin:	Weihnachtszeit
Methode:	Aktion
Materialien:	– Sterne aus gelbem Tonkarton (∅ mindestens 5 cm) für alle zu erwartenden Kinder jeweils mindestens zehn

■ Gestaltung

▪ Lied:

Engel auf den Feldern singen *(GL 250)*

Die Kinder bekommen jeweils mindestens zehn Sterne (falls vorhanden auch mehr) und stellen sich vor die vorderen Kirchenbänke.

Strophe 1–3:
Bei den Strophen bleiben die Kinder einfach stehen. Beim Kehrvers verteilen sie sich im Kirchenraum und werfen die Sterne in die Gemeinde (zwei pro Kehrvers).

Strophe 4–5:
Die Kinder laden die Leute ein, mit ihnen gemeinsam zur Krippe zu gehen. Die Gruppen bewegen sich auf die Krippe zu. Beim Kehrvers werfen sie die Sterne wie bisher in die Gemeinde.

Der Kehrvers wird so oft wiederholt, bis alle an der Krippe angekommen sind.
Ein Stern hat in der Heiligen Nacht den Weg zur Krippe gezeigt.
Sterne haben wir heute verteilt. Sie sollen uns daran erinnern, dass wir uns immer wieder auf den Weg machen wollen zur Krippe, zu dem Gott, der ein Menschenkind geworden ist.
Gott, dir haben die Engel Lob gesungen.
In dieses Lob haben auch wir heute eingestimmt und wollen dich immer preisen. Amen.

Nach einem kurzen Verweilen gehen alle wieder in die Kirchenbänke.

14. Zur Ehre Gottes tanzen
Gloria

Thema:	besonders in der Weihnachtszeit oder Osterzeit, aber auch Jahreskreis
Methode:	Tanz
Materialien:	– orange Stoffbahn (4–5 m × 30 cm) – orange Stoffbahn (3–4 m × 30 cm)

■ Gestaltung

Die Kinder kommen durch den Mittelgang vor. Es sind zwei Gruppen. Die erste Gruppe besteht aus vier Kindern, je zwei halten eine Stoffbahn an ihrem schmalen Ende, jede Hand eine Ecke, die Arme sind unten. Zu Beginn stehen sie rechts und links hinter dem Altar, sie blicken in die Gemeinde.
Die zweite Gruppe besteht aus allen anderen Kindern. Sie stehen zu Beginn zwischen den Kirchenbänken, in denen die Gemeinde sitzt, und den Altarstufen. Zusammen mit der Gemeinde blicken sie Richtung Altar.

▫ Hinführung:

Drei Kinder aus der zweiten Gruppe treten vor.

Kind 1: Seit Jesus auf die Erde gekommen ist, ist der Himmel für uns Menschen offen. Wir dürfen auf das Leben bei Gott hoffen und vereint mit den Engeln Gott loben. Das Gloria ist ein Loblied.

Kind 2: Im Gloria verbindet sich der Gesang der Engel mit dem Lobpreis der Menschen, die sich Gott zuwenden. Es verbinden sich Himmel und Erde.

Kind 3: Das wollen wir nun darstellen.

▫ Tanz:

Gloria, Ehre sei Gott *(GL 169)*

Der Refrain wird jeweils zweimal gesungen.

Refrain:
Gruppe 1 geht paarweise rechts und links am Altar vorbei vor den Altar, dabei behalten die Kinder die Tücher in ihren Händen. Sie bilden einen zur Gemeinde offenen Halbkreis. Die Arme bleiben unten.

Strophe 1:
Die Kinder der zweiten Gruppe treten einzeln (oder je nach Anzahl paarweise bzw. in kleinen Gruppen) bei jedem gesungenen »Wir« jeweils rechts oder links zu den Kindern im Altarbereich, bleiben aber unten vor den Stufen des Altarbereichs stehen. (Ggf. kann der Gottesdienstleiter den Kindern jeweils ein Zeichen geben, wann sie losgehen sollen.) Die Kinder »vergrößern« jetzt den Halbkreis der ersten Gruppe.

Refrain:
Beide Gruppen machen leichte rhythmische Bewegungen zur Musik, z. B. indem sie von einem Fuß auf den anderen treten und die angewinkelten Arme und Oberkörper hin und her bewegen, ggf. unterstützt von einem Tamburin oder anderen rhythmischen Instrumenten.

Strophe 2:
Die Kinder mit der langen Stoffbahn gehen in die Mitte vor den Altar. Ein Kind bleibt dort oben stehen, das andere geht die Altarstufen hinunter Richtung Gemeinde, bis die Stoffbahn ihre volle Länge erreicht hat. Die beiden Kinder gehen in die Hocke und legen die Stoffahn auf den Boden. Diese Stoffbahn bildet den Längsbalken eines Kreuzes. Die Kinder mit der kürzeren Stoffbahn halten ihre Bahn wie den Querbalken des Kreuzes über die lange Stoffbahn. Dazu steigt eines der beiden Kinder über die Stoffbahn, die den Längsbalken des Kreuzes darstellt. Die Kinder mit dem Querbalken stehen parallel zum Altar und halten ihre Stoffbahn etwa auf Hüfthöhe. Das Kind unmittelbar vor dem Altar steht auf und hebt sein Längsbalkenende auf Brusthöhe hoch, das andere Kind bleibt in der Hocke sitzen. Jetzt ist für alle sichtbar ein schräg liegendes Kreuz entstanden.

Refrain:
Die Kinder aus der zweiten Gruppe kommen hinzu und fassen das Kreuz mit einer Hand an. Sie bleiben möglichst unten.

Strophe 3:
Alle Kinder legen gemeinsam die Stoffbahnen, da wo sie stehen, auf den Boden, alle Kinder gehen dann nach oben vor den Altar, wo sie sich zu einer Gruppe vermischen, die im offenen Halbkreis zur Gemeinde steht.

Refrain:
Von der Mitte ausgehend legt jeweils ein Kind eine Hand auf die Schulter des anderen. Die Kinder können sich wieder zum Rhythmus der Musik bewegen, ggf. unterstützt von einem Tamburin oder anderen rhythmischen Instrumenten.

15. Wir loben dich, wir preisen dich
Gloria

Termin:	häufig möglich (an Sonntagen außerhalb der Advents- und Fastenzeit)
Methode:	Lobpreis mit Gesten

■ Gestaltung

Die Kinder stellen sich in einen Kreis vor dem Altarbereich auf.

■ Gebet:

Ehre sei Gott in der Höhe
  Beide Arme nach oben strecken.

und Friede auf Erden den Menschen seiner Gnade.
  Alle fassen sich an den Händen und schütteln diese.

Wir loben dich,
  Einen Arm nach oben strecken.

wir preisen dich,
  Den zweiten Arm nach oben strecken.

wir beten dich an,
> *Hände vor der Brust kreuzen und verbeugen.*

wir rühmen dich und danken dir,
> *Bei »rühmen« erste, bei »danken« zweite Hand nach oben strecken.*

denn groß ist deine Herrlichkeit: Herr und Gott, König des Himmels, Gott und Vater, Herrscher über das All,
> *Mit nach oben gestreckten Armen an den Händen fassen und so eine »Krone« bilden.*

Herr, eingeborener Sohn, Jesus Christus. Herr und Gott, Lamm Gottes, Sohn des Vaters,
> *Einen Arm nach oben und einen nach unten strecken.*

du nimmst hinweg die Sünde der Welt:
> *Die Hände vor dem Oberkörper falten.*

erbarme dich unser.
> *Mit den gefalteten Händen verbeugen.* *

du nimmst hinweg die Sünde der Welt:
> *Die Hände vor dem Oberkörper falten.*

nimm an unser Gebet;
> *Mit den gefalteten Händen verbeugen.*

du sitzest zur Rechten des Vaters:
> *Die Hände vor dem Oberkörper falten.*

erbarme dich unser.
> *Mit den gefalteten Händen verbeugen.*

Denn du allein bist der Heilige,
> *Einen Arm nach oben strecken.*

du allein der Herr,
> *Den zweiten Arm nach oben strecken.*

du allein der Höchste, Jesus Christus, mit dem Heiligen Geist, zur Ehre Gottes des Vaters.
> *Mit nach oben gestreckten Armen an den Händen fassen und so eine »Krone« bilden.*

Amen.

Die Hände sinken lassen und weiterhin festhalten, mit dem Oberkörper verbeugen.

▪ Alternative:

Gesten passend zum Lied machen. Die Gesten enden bei *.

▪ Lied:

Gloria, Ehre sei Gott
T/M: Kathi Stimmer-Salzeder, © bei der Autorin

15. Wir loben dich, wir preisen dich

16. Wir sind getauft

Taufgedächtnis

Termin:	z. B. am Fest Taufe des Herrn; in der Osterzeit zum Thema »Neues Leben in Christus«; Gottesdienste zum Thema »Freundschaft mit Jesus«, »Nachfolge«
Methode:	bewusster Vollzug des Taufgedächtnisses mit Weihwasser
Materialien:	– Taufbecken oder Schale mit Weihwasser gefüllt und Tisch mit weißer Tischdecke – Aspergill (ggf. Buchsbaumzweig) – Wassertropfen aus weißem Tonkarton (⌀ 15 cm), durch den eine Kordel geführt und verknotet ist (Länge 45 cm), 2–3 Eddings – für Taufgedächtnis in der Osterzeit zusätzlich kleine Osterkerzen (übrig geblieben aus der Osternacht) in Anzahl der zu erwartenden Kinder

■ Gestaltung

■ Vorbereitungen:

Taufbecken mit Weihwasser füllen. Wenn der Taufbrunnen von den Sitzplätzen der Gemeinde aus nicht zu sehen ist, dann eine mit Weihwasser gefüllte Schale auf einem Tisch vor dem Altarbereich aufstellen.

Beim Betreten der Kirche werden alle Kinder eingeladen, auf einen der Tonkarton-Wassertropfen mit Edding ihren Namen zu schreiben. Anschließend werden die Wassertropfen ans Taufbecken (Wasserschale) gelegt.
Der Gottesdienstleiter und die Kinder versammeln sich am Taufbecken (an der Wasserschale).

A: Taufgedächtnis am Fest Taufe des Herrn

Hinführung:

Im Evangelium hören wir heute, wie Jesus von Johannes im Jordan getauft und von Gott als sein Sohn bestätigt worden ist. Vom Beginn der Kirche an war die Taufe das Zeichen der Aufnahme in die Gemeinschaft der Christen. Die Taufe stärkte sie, wie Jesus Gott und die Menschen zu lieben.

Gebet:

V: Gott, dein Sohn Jesus wurde von Johannes im Jordan getauft,
auf diese Weise hat er für uns das Sakrament der Taufe gestiftet.
Wir loben dich. – A: Wir preisen dich.

V: Gott, du rufst uns in die Nachfolge deines Sohnes Jesus.
In der Taufe sind wir zu dir gekommen, und du bist unser Freund geworden.
Wir loben dich. – A: Wir preisen dich.

V: Gott, in der Taufe nimmst du uns als deine Kinder an
und erlöst uns von all unserer Schuld.
Wir loben dich. – A: Wir preisen dich.

V: Segne + dieses Wasser.
Es soll uns ein Zeichen für unsere Taufe werden,
die uns auf ewig mit dir verbindet.
Nimm alles weg, was uns von dir trennt,
und lass unsere Freundschaft immer tiefer und schöner werden. Amen.

Variante 1:

Durch das Taufwasser sagt Gott uns: Ich habe dich bei deinem Namen gerufen, ich bin dein Freund. Mit dem Kreuzzeichen antworten wir, dass wir zu Gott gehören und Jesus nachfolgen wollen.
Das Kind taucht seinen Finger in das Weihwasser und bezeichnet sich mit einem Kreuz.
Alternativ: Der Gottesdienstleiter taucht einen Aspergill (oder einen Buchsbaumzweig) in das Weihwasser und besprengt damit einzeln die Kinder. Nach der Besprengung machen die Kinder ein Kreuzzeichen.

▪ Variante 2:

Der Gottesdienstleiter nennt das Kind beim Namen und sagt: N., du bist getauft und zur Nachfolge Jesu berufen.
Das Kind antwortet: Ich danke dir, Gott.
Der Gottesdienstleiter taucht einen Finger in das Weihwasser und bezeichnet das Kind mit einem Kreuz.

Die Taufe ist das bleibende Zeichen der Treue und Freundschaft Gottes. Er kennt uns mit unserem Namen. Zur Erinnerung an eure Taufe gebe ich euch diesen »Wassertropfen« mit euerem Namen.
Die Kinder nehmen den Wassertropfen aus Tonkarton vom Gottesdienstleiter entgegen und hängen ihn sich um den Hals.

V: Gott, du bist immer bei uns.
Wir bitten dich,
lass unseren Glauben an dich immer größer und stärker werden,
damit uns nichts mehr von dir trennen kann.
Darum bitten wir durch Jesus Christus, unseren Herrn. Amen.

Die Kinder gehen zurück auf ihren Platz.

▪ Variante 1:

Die Gemeinde kann jetzt ebenfalls zum Taufbecken (zur Wasserschale) kommen und sich mit einem Kreuz bezeichnen.

▪ Variante 2:

Der Gottesdienstleiter besprengt die Gemeinde mit Weihwasser.

Währenddessen wird ein Lied gesungen:
Gott ruft sein Volk zusammen *(GL 477)*
Fest soll mein Taufbund immer stehn *(GL 868)*

B: Taufgedächtnis in der Osterzeit

Vorbereitungen siehe oben.

V: An Ostern feiern wir die Auferstehung unseres Herrn Jesus Christus. Das Licht dieser Kerze macht deutlich: Jesus lebt, er hat den Tod überwunden, er ist mitten unter uns.

Der Gottesdienstleiter verteilt kleine Osterkerzen an die Kinder, die sie an der Osterkerze anzünden dürfen.

V: Herr Jesus Christus,
wir haben dein Licht empfangen,
das uns zeigt, dass du lebst
und Licht in unser Leben bringen möchtest.
Wir danken dir dafür und bitten dich,
dass uns dieses Licht daran erinnert,
dass du immer bei uns bist.
Darum bitten wir durch Jesus Christus, unsern Herrn. Amen.

V: Jesus hat uns durch seine Auferstehung vom Tod erlöst und schenkt uns in der Taufe das ewige Leben. Deshalb segnen wir in der Nacht zum Ostersonntag das Taufwasser. Ich lade euch jetzt ein, zum Taufbecken (zur Wasserschale) zu kommen.

Nachdem sich die Kinder mit den Kerzen in der Hand versammelt haben:
Wenn wir in der Taufe mit Wasser übergossen werden, dann leuchtet das Licht des auferstandenen Jesus für immer in uns.

V: Gott, du bist die Quelle unseres Lebens,
wir bitten dich:
Befreie uns von aller Schuld
und schenke uns das ewige Leben bei dir. Amen.

Die Bekreuzigung oder Besprengung mit Weihwasser wie oben.

V: Gott, du liebst uns,
wir danken dir dafür.
Lass alle Menschen deine Barmherzigkeit erfahren.
Darum bitten wir durch Christus, unseren Herrn. Amen.

Die Kinder gehen zurück auf ihren Platz.
Die Gemeinde kann jetzt ebenfalls zum Taufbecken (zur Wasserschale) kommen und sich mit einem Kreuz bezeichnen oder wird mit Weihwasser besprengt und bekreuzigt sich.

Währenddessen wird ein Lied gesungen: siehe oben.

II. Gott hören und bitten

17. Wie ein Baum am Wasser

Lesung

Termin:	z. B. 6. Sonntag Jahreskreis im Lesejahr C (Jer 17, 5–8: Auf dem Weg zu Gott); Gottesdienste zum Thema »Gottes Willen folgen«
Methode:	Veranschaulichung mit Symbolen
Materialien:	– zwei hellbraune Tücher (50 cm × 200 cm) – ein Herz aus rotem Tonkarton ($\varnothing$ 25 cm) – ein paar Zweige von einem Strauch ohne Blätter und ein paar Zweige mit grünen Blättern, eine schöne Bibel, verschiedenes Obst, einige größere Steine

■ Gestaltung

■ Hinführung:

Im Alten Testament, dem ersten Teil der Bibel, begegnet uns immer wieder anschaulich ausgemalt die Möglichkeit der Entscheidung für oder gegen Gott. Damit sind als Konsequenzen ein gelingendes oder ein scheiterndes Leben verbunden. Diesen Kontrast kann man im Bild der zwei Wege verdeutlichen. Auf die Wege werden dann entsprechend der Lesung passende Symbole gelegt. Im folgenden Beispiel wird zunächst ein Symbol für die Abwendung von Gott (zerrissenes Herz) oder die Zuwendung zu Gott (Bibel) auf die entsprechenden Wege gelegt. Anschließend werden weitere Symbole platziert, die zeigen, wie sich das Leben der Menschen durch diese Entscheidung verändert.

Vor dem Altar werden die zwei braunen Tücher jeweils als ein Weg gelegt. Zur Gemeinde hin sind die Wege noch verbunden (Weggabelung) zum Altar hin trennen sich die Wege deutlich, ein Weg führt zum Altar, der andere davon weg.

■ Lesung:

So spricht Gott: Ohne Glück ist der Mann, der nur auf Menschen vertraut und dessen Herz sich abwendet von Gott.
Das Herz wird zerrissen auf den Weg gelegt.

Er ist wie ein kahler Strauch in der Wüste, der kein Wasser bekommt;
Die entblätterten Strauchzweige werden auf den Weg gelegt, der vom Altar wegführt.
er wächst auf dürrem Boden, voll von Steinen, wo niemand wohnt.
Die Steine werden auf den Weg gelegt, der vom Altar wegführt.
Gesegnet ist der Mann, der auf Gott vertraut und dessen Hoffnung der Herr ist.
Die Bibel wird auf den Weg, der zum Altar führt, gelegt.
Er ist wie ein Baum, der am Wasser wächst und am Bach seine Wurzeln ausstreckt: Er braucht die Hitze nicht zu fürchten; seine Blätter bleiben grün;
Die Strauchzweige mit den grünen Blättern auf den Weg zum Altar legen.
auch bei Trockenheit wachsen seine Früchte.
Das Obst auf den Weg, der zum Altar führt, legen.

Alternative:

Für Psalm 1 entsprechend anpassen.

18. Elija spürt Gott

Lesung

Termin:	z. B. 19. Sonntag im Jahreskreis im Lesejahr A (1 Kön 19,11–13a: Elija erfährt Gottes Nähe), Gottesdienste zum Thema »Auf Gott hören«
Methode:	Hören und Gestalten mit Orffschen Instrumenten
Materialien:	– verschiedene Instrumente aus Schule oder Kindergarten; die Kinder stellen sich in vier Gruppen neben dem Ambo auf und bekommen Musikinstrumente: • Gruppe 1: Tamburine und Rasseln • Gruppe 2: tief klingende Trommel, Kastagnetten oder Klanghölzer (bzw. -stäbe) • Gruppe 3: Triangel und Fingerzimbeln oder kleine Becken, Schellenstab • Gruppe 4: Regenmacher

- Ein weiteres Kind stellt sich an die andere Seite des Ambo und bekommt eine Klangschale (einen Gong).

Altersgruppe: auch Kita-Alter

■ Gestaltung

Die Kinder unterstreichen die Aussagen des Lesungstextes mit dem Klang der Musikinstrumente. Bei der Unterlegung der Lesung kann man sich – wie in folgendem Beispiel – die Aussagen des Textes selber zunutze machen. Gefühle werden durch den Klang der Instrumente ausgedrückt und verstärkt, Gegensätze werden veranschaulicht. Das aufmerksame Hören wird unterstützt.
Die Kleingruppen 1–3 können laut und schräg durcheinanderspielen, die Gruppe 4 sollte mehr im Gleichklang und langsam die Regenmacher bewegen.

■ Lesung:

Der Prophet Elija wollte Gottes Nähe spüren. Dazu machte er sich auf einen weiten Weg in eine einsame Gegend.
Er kam an den Gottesberg Horeb. Dort ging er in eine Höhle, um darin zu schlafen.
Doch Gott sprach zu ihm:

Ein Kind schlägt die Klangschale (den Gong) an.

Kurze Stille

Komm heraus, und stell dich auf den Berg!

Da zog Gott, der Herr, vorüber: Ein starker, heftiger Sturm ging dem Herrn voraus.
Gruppe 1 spielt ihre Instrumente.

Aber Gott war nicht im Sturm. Nach dem Sturm kam ein Erdbeben.
Gruppe 2 spielt ihre Instrumente.

Aber Gott war nicht im Erdbeben. Nach dem Erdbeben kam ein Feuer.
Gruppe 3 spielt ihre Instrumente.

Aber Gott war nicht im Feuer. Nach dem Feuer kam ein sanftes, leises Säuseln.
Gruppe 4 spielt ihre Instrumente.

Als Elija das Säuseln hörte, hüllte er sein Gesicht in den Mantel, trat hinaus und stellte sich an den Eingang der Höhle.

Kurze Stille

Elija hatte zunächst in der Natur auf die Geräusche gehört, die ihn dort umgaben. Dann wurde er ganz ruhig und spürte Gottes Nähe. Elija lernte an diesem Tag: Um auf Gott zu hören, müssen wir Menschen ganz still werden, ja wir müssen in uns hineinhören.

19. Du, unser Hirte
Psalm 23

Termin:	z. B. 4. Sonntag der Fastenzeit im Lesejahr A; am 4. Sonntag der Osterzeit im Lesjahr A; 28. Sonntag im Jahreskreis im Lesjahr A; Christkönig; 16. Sonntag im Jahreskreis im Lesejahr B; zur Vorbereitung auf die Erstkommunion
Methode:	Bodenbild mit Legematerialien gestalten
Materialien:	– grünes Tuch (2 m × 4 m) – 6 Wattebausche – 8–10 Tonkartonmännchen (25 cm) – blaues Tuch (2,5 m × 30 cm) – 3 blaue Kärtchen jeweils mit den Worten »ICH«, »BIN« und »DA« (40 cm × 25 cm) – dunkelgraues Tuch (4 m × 20 cm) – dunkelgraues Tuch (2 m × 20 cm) – braues Tuch (1 m × 1 m) – Hostienschale mit Hostien (alternativ: Holzschale mit Brot – Kelch (alternativ: Glaskanne mit Saft und Gläser) – Streifen aus Goldfolie (30 cm; alternativ: gelber Tonkarton) – Gebetszettel mit dem Psalm in Anzahl der zu erwartenden Kinder oder auch für die ganze Gemeinde

▪ Gestaltung

Vor dem Altarbereich wird das große grüne Tuch mit der schmalen Seite zum Alter gelegt.

Kind 1:
Gott, der Herr, ist wie ein Hirte,
wenn er bei mir ist, wird mir nichts fehlen.

Die kleinen Wattebausche werden an die Ränder des grünen Tuches gelegt.

Kind 2:
Er lässt mich wohnen auf grünen Wiesen
und führt mich zu frischen Wassern.
Er schenkt meiner Seele neue Kraft
und leitet mich auf all meinen Wegen.
So wie es mir sein Name »Ich bin da« verspricht!

Die Tonkartonmännchen werden in den oberen zwei Dritteln des Tuches zu einem Kreis (⌀ 1,5 m) gelegt. Im unteren Drittel wird das blaue Tuch als »Wasserlauf« gelegt, darauf die Kärtchen mit den Worten: Ich bin da.

Kind 3:
Auch wenn es mir schlecht geht
und ich große Angst habe,
vertraue ich dir, mein Gott.
Denn du bist für mich da,
wie ein Hirte,
der seine Schafe vor wilden Tieren beschützt
und mit dem Stab führt.

Die dunkelgrauen Tücher werden zu einem Kreuz auf das Tuch gelegt, die Tücher kreuzen sich in der Mitte des Tonkartonmännchen-Kreises, bedecken aber keines der Männchen.

Kind 4:
Du nimmst mir nicht meine Feinde, aber sie müssen zusehen,
wenn du für mich den Tisch zum Festmahl deckst,
wenn du mich mit Öl salbst
und mir meinen Becher füllst, bis er überläuft.

Das braune Tuch wird als runder »Tisch« in die Mitte des Tonkartonmännchen-Kreises auf das Kreuz gelegt. Darauf werden die Hostienschale (oder eine Schale mit Brot) und der Kelch (oder eine Glaskanne mit Saft und Gläser) gestellt.

Kind 5:
Mein ganzes Leben werde ich wissen,
dass du alles mit mir teilst
und dass du mich liebst.
Und eines Tages werde ich ganz bei dir sein,
dann werde ich in deinem Haus wohnen.

Die Streifen aus Goldfolie werden wie Sonnenstrahlen um den Tisch herum und zwischen die Tonkartonmännchen gelegt.

Alle Kinder werden eingeladen, einen Kreis, der zur Gemeinde offen ist, um das Bild auf dem Boden zu bilden und gemeinsam den Psalm zu beten (Gebetszettel).

Nach Psalm 23:

Gott, der Herr, ist wie ein Hirte,
wenn er bei mir ist, wird mir nichts fehlen.

Er lässt mich wohnen auf grünen Wiesen
und führt mich zu frischen Wassern.
Er schenkt meiner Seele neue Kraft
und leitet mich auf all meinen Wegen.
So wie es mir sein Name, »Ich bin da«, verspricht!

Auch wenn es mir schlecht geht und ich große Angst habe,
vertraue ich Dir, mein Gott.
Denn du bist für mich da,
so wie ein Hirte,
der seine Schafe vor wilden Tieren beschützt
und mit dem Stab führt.

Du nimmst mir nicht meine Feinde, aber sie müssen zusehen,
wenn du für mich den Tisch zum Festmahl deckst,
wenn du mich mit Öl salbst
und mir meinen Becher füllst, bis er überläuft.

Mein ganzes Leben werde ich wissen,
dass du alles mit mir teilst
und dass du mich liebst.
Und eines Tages werde ich ganz bei dir sein,
dann werde ich in deinem Haus wohnen.

Zur Gabenbereitung können zwei Kinder die Hostienschale und den Kelch aus dem Bild auf dem Boden nehmen (ggf. mit Hilfe) und zum Altar bringen.

20. Gott loben
Psalm 113

Termin:	z. B. 6. Sonntag im Jahreskreis im Lesejahr B (Mk 1, 40–45: Heilung eines Aussätzigen), 25. Sonntag im Jahreskreis C; alle Gottesdienste zum Thema »Krankenheilung« oder »Seligpreisungen«
Methode:	Wechselgebet, Gesang (Psalm und Kehrvers), Bodenbild legen
Materialien:	– blaues Tuch (3 m × 4 m) – gelbes Tuch (3,5 m × 30 cm) – die Buchstaben J, A, H, W und E in verschiedenen Farben aus Tonkarton ausgeschnitten (15 cm × 25 cm) – acht bis zehn Bilder aus Zeitungen, die Arme, Traurige, Hungernde, Ausgestoßene und Niedergeschlagene bzw. Schwache abbilden (ggf. Bilder vergrößernd kopieren – ⌀ 30 cm) – fünf Wortkarten (20 cm × 40 cm), auf denen jeweils die Worte »ICH«, »BIN«, »FÜR«, »EUCH«, »DA!« stehen – Wortkarten in Anzahl der zu erwartenden Kinder (20 cm × 40 cm), auf denen »HALLELUJA« steht.

■ Gestaltung

■ Lied:

Vom Aufgang der Sonne *(GL 415)*

Vor dem Altarbereich wird das große blaue Tuch im Querformat gelegt. Die Zeitungsbilder werden verstreut in den Mittelgang und vor die ersten Kirchenbänke gelegt.

Kind 1:
Halleluja!
Alle, die ihr Gott dient, lobt ihn,
lobt den Namen unseres Herrn!
Preiset Gott, der für uns da ist,
jetzt und zu allen Zeiten.
Vom Aufgang der Sonne bis zu ihrem Niedergang
sei gepriesen der Name des Herrn.
Hoch über allen Völkern ist Gott,
sein Wirken erfüllt den ganzen Himmel.

Das gelbe Tuch wird wie ein Regenbogen in die obere Hälfte des blauen Tuches gelegt. Darauf werden die Buchstaben zu dem Wort »JAHWE« gelegt.

Kind 2:
Wer ist wie Gott?
Er, der hoch über allem wie auf einem Thron sitzt,
er sieht hinunter in die Tiefe zu uns Menschen:
Er beschenkt die Armen.
Er tröstet die Traurigen.
Er hilft den Schwachen aufzustehen.
Er sättigt die Hungernden.
Er holt die Ausgestoßenen zurück in die Gemeinschaft.

Jeweils ein Kind nimmt eins der Zeitungsbilder, benennt (ggf. mit Hilfe) das abgebildete Leid des/der Menschen und legt es in die untere Hälfte des Tuches.

Kind 3:
Lobt den Namen unseres Herrn!
Sein Wirken erfüllt den ganzen Himmel.
Halleluja!

Die Wortkärtchen »Ich bin für euch da!« werden unter die Zeitungsbilder gelegt.

Alle Kinder stellen sich in einen zur Gemeinde offenen Kreis um das Bild auf dem Boden. Jedes Kind bekommt eine Karte mit »Halleluja«, die es mit beiden Händen fasst, so dass die Worte für alle zu lesen sind.
Jemand betet den Psalm vor, alle singen zweimal den Kehrvers, die Kinder führen während der Worte »Vom Aufgang der Sonne bis zu ihrem Niedergang« die »Halleluja«-Karten in einem großen Bogen von links nach rechts.

Lied singen.

Kind 4:
Halleluja!
Alle, die ihr Gott dient, lobt ihn,
lobt den Namen unseres Herrn!
Preiset Gott, der für uns da ist,
jetzt und zu allen Zeiten.
Vom Aufgang der Sonne bis zu ihrem Niedergang
sei gepriesen der Name des Herrn.
Hoch über allen Völkern ist Gott,
sein Wirken erfüllt den ganzen Himmel.

Lied erneut singen.

Kind 5:
Wer ist wie Gott?
Er, der hoch über allem wie auf einem Thron sitzt,
er sieht hinunter in die Tiefe zu uns Menschen:
Er beschenkt die Armen.
Er tröstet die Traurigen.
Er hilft den Schwachen aufzustehen.
Er sättigt die Hungernden.

Er holt die Ausgestoßenen zurück in die Gemeinschaft.

Lied erneut singen.

Kind 6:
Lobt den Namen unseres Herrn!
Sein Wirken erfüllt den ganzen Himmel.
Halleluja!

Lied erneut singen.

Die Kinder legen die »Halleluja«-Karten rund um das Bild.

■ Ergänzung:

In den Fürbitten können die Kinder für die leidenden Menschen auf den Zeitungsbildern beten. Ganz einfache Fürbitten formulieren, etwa:
Wir beten für die Kinder (in unserer Schule), die unter schlechten Schulnoten leiden.
Wir beten für die kranken Kinder in N.
Wir beten für die obdachlosen Menschen in unserer Stadt (Dorf).
Wir beten für die Opfer der Naturkatastrophe in N.

Eigene Fürbitten ergänzen.

21. Ich lobe meinen Gott
Psalm 9 (Psalmlied)

Termin:	besonders Osterzeit, Weihnachtszeit, Lobpreis-Gottesdienste
Methode:	Gesang und Tanz

■ **Gestaltung**

■ Lied:

Ich lobe meinen Gott von ganzem Herzen *(GL 400)*

Strophe 1:
Ich lobe meinen Gott von ganzem Herzen,
Linken Arm nach vorne strecken und mit dem Daumen nach oben zeigen, rechte Hand auf das Herz legen.

erzählen will ich von all seinen Wundern
Eine Hand vor den Mund nehmen und mit Fingern und Daumen eine Klappe bilden, die auf und zu geht.

und singen seinem Namen.
Beide Hände an den Mund legen und eine Sprechmuschel bilden.

Ich lobe meinen Gott von ganzem Herzen,
Linken Arm nach vorne strecken und mit dem Daumen nach oben zeigen, rechte Hand auf das Herz legen.

Ich freue mich und bin fröhlich,
Die Kinder springen einmal in die Höhe.

Herr, in dir!
Arme nach oben nehmen und Hände im Abstand von ca. 30 cm parallel nach unten führen.

Halleluja.
Kinder bleiben einfach stehen, Hände vor dem Bauch zusammengelegt.

Strophe 2:
Ich lobe Jesus Christ in meinem Leben,
Linken Arm nach vorne strecken und mit dem Daumen nach oben zeigen, rechtem Arm seitlich ausstrecken und die Hand in einem Bogen an die Brust führen.

denn er ist gekommen auf unsere Erde
Rechten Arm nach oben nehmen und mit dem Finger nach unten zeigend herunterführen bis auf Brusthöhe.

und ist ein Mensch geworden.
Beide Hände auf die Schulter des Nachbarn legen.

Ich lobe Jesus Christ in meinem Leben,
Linken Arm nach vorne strecken und mit dem Daumen nach oben zeigen, rechtem Arm seitlich ausstrecken und die Hand in einem Bogen an die Brust führen.

durch ihn ist den Menschen die Hoffnung geschenkt.
Einen Schritt vorwärts gehen und die Hände zu einer größeren Schale formen (Hände berühren sich nicht mehr).

Halleluja.
Kinder bleiben einfach stehen, Hände vor dem Bauch zusammengelegt.

22. Sich an der Schöpfung freuen
Psalm 148

Termin:	Jahreskreis, Osterzeit, Gottesdienste zum Thema »Bewahrung der Schöpfung«
Methode:	Tanz

Gestaltung

Hinführung:

Das Lied, das wir nun singen werden, bezieht sich auf Psalm 148. Der Psalm fordert die ganze Schöpfung zum Lobpreis Gottes auf. Das werden die Kinder nun in ihrem Tanz ausdrücken. Strophen 1 und 6 umfassen mit ihren Bewegungen die ganze Schöpfung. Strophe 2 wendet sich dem Himmel zu, Strophe 3 dem Wasser, Strophe 4 der Erde und Strophe 5 wendet sich den Menschen zu.

▪ Lied:

Erfreue dich, Himmel, erfreue dich Erde *(GL 467)*
Die Kinder stehen in einem Halbkreis mit Blickrichtung zur Gemeinde.

Refrain:
Auf Erden hier unten, im Himmel dort oben,
Hände mit den Handinnenflächen vor der Brust waagerecht aufeinander legen, bei »Erde« die untere Hand nach unten führen, bei »Himmel« die obere Hand nach oben führen.

Den gütigen Vater, den wollen wir loben.
Arme in einem Viertelkreis drehen, sodass die beiden Hände waagerecht in Brusthöhe sind, die Hände etwas nach vorne-oben führen (eine große »Schale« bilden).

Strophe 1:
Erfreue dich Himmel, erfreue dich Erde;
Arme nach oben strecken und Hände von oben in großem, seitlichem Bogen nach unten führen.

erfreue sich alles, was fröhlich kann werden.
Arme in Brusthöhe seitlich nach außen strecken und Hände im Bogen nach innen zur Brust führen.

Strophe 2:
Ihr Sonnen und Monde, ihr funkelnden Sterne,
Bei »Sonnen« mit der rechten, bei »Monde« mit der linken Hand nach oben »in den Himmel« zeigen«, bei »Sterne« mit beiden Händen abwechselnd etwas schneller »in den Himmel« zeigen.

ihr Räume des Alls in unendlicher Ferne.
Hände von der Brust weg nach oben gerichtet in einem Bogen nach seitlich-außen führen.

3. Strophe:
Ihr Tiefen des Meeres, Gelaich und Gewürme,
  Bei »Tiefen« mit der rechten, bei »Meeres« mit der linken Hand nach unten »ins Wasser« zeigen, bei »Gelaich und Gewürme« mit beiden Händen abwechselnd etwas schneller »ins Wasser« zeigen.

Schnee, Hagel und Regen, ihr brausenden Stürme.
  Hände von der Brust weg nach unten richten und in einem Bogen nach seitlich-außen führen.

Strophe 4:
Ihr Wüsten und Weiden, Gebirg und Geklüfte,
  Bei »Wüsten und Weiden« vor der Brust mit dem Händen mehrere waagerechte Ebenen zeichnen, bei »Gebirg und Geklüfte« mit den Händen mehrere senkrechte Ebenen zeichnen.

ihr Tiere des Feldes, ihr Vögel der Lüfte.
  Hände von der Brust weg waagerecht in einem Bogen nach seitlich-außen führen.

Strophe 5:
Ihr Männer und Frauen, ihr Kinder und Greise,
  Bei »Männer« mit der rechten Hand nach rechts vorne weisen, bei »Frauen« mit der linken Hand nach links vorne weisen, bei »Kinder und Greise« mit beiden Händen abwechselnd in die Menschenmenge zeigen.

ihr Kleinen und Großen, einfältig und weise.
  Bei »Kleinen« beide Hände nach unten führen, bei »Großen« beide Hände nach oben führen, bei »einfältig und weise« beide Hände von oben bis auf Brusthöhe in einem Bogen nach außen führen.

Strophe 6:
Erd, Wasser, Luft, Feuer und himmlische Flammen,
  Arme nach oben strecken und Hände von oben in großem, seitlichem Bogen nach unten führen.

ihr Menschen und Engel, stimmt alle zusammen.
Arme in Brusthöhe seitlich nach außen strecken und Hände im Bogen nach innen zur Brust führen.

23. Erzählt von Gott und seinen Wundern
Psalm 96

Termin:	im Jahreskreis (z. B. 29. Sonntag im Jahreskreis im Lesejahr A, 2. Sonntag im Jahreskreis im Lesejahr C); an Weihnachten, Erscheinung des Herrn; alle Gottesdienste zum Thema »Völker der Erde preisen den Herrn« und »Frieden zwischen den Völkern«
Methode:	Psalmen-Gebet mit Kehrvers und Veranschaulichung mit Symbolen
Materialien:	– zu Weihnachten und am Fest Erscheinung des Herrn: Ein Weihrauchfass, ein Gefäß mit »Myrrhe«, ein Schatzkästchen mit »Gold« – an den Sonntagen im Jahreskreis: Stoffbahnen für einen großen Regenbogen (3 m lang), Bilder aus Zeitungen von Kindern verschiedener Völker (evtl. vergrößerte Kopien, ⌀ 40 cm)

■ Gestaltung

■ Kehrvers:

Lobet und preiset, ihr Völker den Herrn *(GL 408)*

In der Weihnachtszeit und am Fest Erscheinung des Herrn:
Ein Kind liest die Verse aus dem Psalm vor und stellt anschließend Gold vor den Altar. Zwei weitere Kinder lesen die Psalmverse und stellen Weihrauch und Myrrhe hin. (Die Kinder sollten Gelegenheit haben, ihren Text zu üben, damit sie ihn verständlich vorlesen können.)

▪ An den Sonntagen im Jahreskreis:

Den Regenbogen auf den Boden vor den Altar legen. Bei den Kehrversen legen einige Kinder jeweils ein Bild eines Kindes auf den Regenbogen.

Kehrvers

Kind 1:
Berichtet von Gottes heilvollem Wirken auf der Welt!
Erzählt allen Völkern von seiner Herrlichkeit
und allen Menschen von seinen Wundern!
Denn Gott ist groß und über alles zu preisen.
Es gibt keinen anderen Gott als diesen,
er, der Himmel und Erde erschaffen hat.
Er ist allmächtig und prachtvoll,
Stärke und Glanz erfüllen sein Haus.

Kehrvers

Kind 2:
Ihr Menschen auf der Erde
dient diesem Gott,
lobt und preist ihn
und ehrt seinen Namen!
Tretet ein in sein Haus
und betet ihn an!
Erzählt allen Völkern:
Gott ist der König der Welt.
Er hat der Erde eine feste Ordnung gegeben,
sodass sie für immer Bestand hat.
Er liebt die Gerechtigkeit
und bringt Frieden für alle Völker.

Kehrvers

Kind 3:
Himmel und Erde jubelt!

23. Erzählt von Gott und seinen Wundern

Die Meere sollen brausen und toben,
die Felder erblühen und die Wälder rauschen!
Preist das Kommen des Herrn!
Seine Gerechtigkeit und Liebe richten die ganze Welt.

Kehrvers

24. Klagen
Psalm 130

Termin:	z. B. Allerseelen; 10. Sonntag im Jahreskreis Lesejahr B, 5. Sonntag der Fastenzeit im Lesejahr A; alle Gottesdienste zum Thema »Klage«, »Bitte um Hilfe in der Not«
Methode:	Tanz

■ Gestaltung

▪ Hinführung:

Wir singen nun das Lied »Aus der Tiefe rufe ich zu dir«. Es greift Psalm 130 auf. Der Beter kommt mit seiner Klage der Not und Verlassenheit zu Gott und bittet ihn um Hilfe (Strophe 1–3). In der ersten Hälfte wird jeweils die Hoffnung des Beters zum Ausdruck gebracht, dass Gott ihn hört, in der zweiten Hälfte seine Not und Verlassenheit. Obwohl er scheinbar keine Antwort von Gott erhält, bleibt er mit seiner Klage beharrlich, ja er steigert sie. Der Beter ist in seiner Klage nicht allein, Gott ist ihm ganz nah – auch wenn er ihn nicht spürt. Dann kommt die Wendung (Strophe 4). Der Beter weiß sich auch in der Not von Gott getragen.

▪ Lied:

Aus der Tiefe rufe ich zu dir *(GL 283)*

Strophe 1–4:
Aus der Tiefe rufe ich zu dir
   Kopf und Schultern nach vorne beugen und die Hände um den Kopf/Nacken legen.

Strophe 1:
Herr, höre meine Klagen,
   Nach oben schauen und beide Hände an die Ohren legen.

Herr, höre meine Fragen.
   Beide Hände trichterförmig an den Mund legen.

Strophe 2:
Herr, öffne deine Ohren,
   Nach oben schauen und beide Hände an die Ohren legen.

Ich bin hier ganz verloren.
   Arme leicht angewinkelt am Körper, Oberkörper nach rechts und links drehen (suchend).

Strophe 3:
Herr, achte auf mein Flehen,
   Nach oben schauen und beide Hände an die Ohren legen.

Ich will nicht untergehen.
   Linke Hand vor der Brust mit Schwung nach unten führen, anschließend mit rechter Hand in Brusthöhe eine waagerechte Linie zeichnen.

Strophe 4:
Nur dir will ich vertrauen,
   Bei »dir« mit dem Finger der rechten Hand auf ein imaginäres Gegenüber zeigen, dann beide Hände vor die Brust nehmen, erst ineinander verhaken und dann mit Kraft jede Hand versuchen nach außen zu ziehen.

Auf dein Wort will ich bauen.
   Linke Hand in Brusthöhe waagerecht mit der Handinnenfläche nach oben halten, mit dem rechten Zeigefinger bei »Wort« auf die linke Handinnenfläche zeigen, dann rechte Hand mit der Handinnenfläche nach unten auf die linke Hand legen.

25. Gott vertrauen
Psalm 27

Termin:	7. Sonntag Osterzeit im Lesejahr A; 3. Sonntag im Jahreskreis im Lesejahr B; 2. Fastensonntag; Gottesdienste zum Thema »Vertrauen in Gott«, »Schutz und Heil«, »Jesus, das Licht der Welt«
Methode:	Gebet und Gesang
Materialien:	– ein größeres Bild oder eine Statue von Jesus – ggf. einen kleinen Tisch mit Tischdecke – sechs Teelichter in Glasschalen und Streichhölzer

■ Gestaltung

Das Bild bzw. die Statue von Jesus vor den Altar stellen, ggf. auf den Tisch. Jedes Kind, das einen Psalmvers vorliest, bekommt ein brennendes Teelicht.
Nachdem das Kind den Psalmvers vorgetragen hat, stellt es das Teelicht zu dem Bild/der Statue von Jesus.

■ Lied:

Komm, Herr, segne uns *(GL 451, Strophe 1)*

Kind 1:
Der Herr ist mein Licht und mein Heil!
Vor wem sollte ich mich fürchten?
Der Herr ist meine Zuflucht!
Vor wem sollte ich mich erschrecken?

Strophe 1

Kind 2:
Da sind welche, die mir das Leben schwer machen!
Manchmal jagen sie mir große Angst ein.
Sie, die mich bedrängen,

sie werden selbst stolpern und fallen.
Auch wenn meine Feinde so viele wären wie eine ganze Armee,
würde ich mich nicht fürchten!
Ja, selbst wenn sie mich angreifen würden,
würde ich auf Gott vertrauen!

Strophe 1

Kind 3:
Nur um dies eine habe ich den Herrn gebeten:
Dass ich immer in seinem Haus leben darf,
wo er für mich da ist,
und dass ich ihn sehen kann.
Der Herr wird mich durch seine Nähe beschützen,
und ich werde ihm ein Loblied singen.
Darum höre, mein Gott, wenn ich rufe,
und hilf mir!

Strophe 1

Kind 4:
Du warst es, der den Menschen gesagt hat,
sie sollen deine Nähe suchen.
Hier bin ich, mein Gott!
Verstecke dich nicht vor mir!
Stoße mich nicht weg!
Denn du bist meine Hilfe, auf die ich mich verlasse,
also wende dich nicht ab!

Strophe 1

Kind 5:
Selbst wenn meine Freunde mich verlassen,
halte zu mir, mein Gott!
Zeige mir den Weg, der zu dir führt,
ich will ihn gehen,
dann können meine Feinde nichts mehr gegen mich tun.

25. Gott vertrauen

Strophe 1

Kind 6:
Ich glaube,
dass ich für immer leben werde,
wenn ich die Güte des Herrn gesehen habe.
Darum:
Hofft auf den Herrn!
Seid alle stark und vertraut ihm!
Hofft auf den Herrn!

Strophe 1

26. Beten in der Not
Psalm 13

Termin:	alle Gottesdienste zum Thema »Beten in Not«
Methode:	Psalmengebet, Visualisierung mit Piktogrammen
Materialien:	– Schilder in DIN A3:

- zwei Schilder mit der Aufschrift »GOTT«, die Vorderseite mit der Aufschrift in Hellgrün, die Rückseite ist grau
- ein Schild mit Piktogramm 1 auf der Vorderseite (auf hellgrauem Untergrund) und Piktogramm 3 auf der Rückseite (auf gelbem Untergrund)
- ein Schild mit Piktogramm 2 auf der Vorderseite (auf hellgrauem Untergrund) und Piktogramm 3 auf der Rückseite (auf gelbem Untergrund)

■ Gestaltung

Vier Kinder stellen sich auf die Altarstufen. Die beiden Kinder, die außen stehen, bekommen die Schilder mit der Aufschrift »GOTT«. Sie halten die Schilder in Brusthöhe, sodass alle das Wort »GOTT« lesen können. Die beiden Kinder, die in der Mitte stehen, halten ihre Schilder verdeckt.

Hinführung:

Die Klage ist eine Art des Gebetes neben Bitte, Lob und Dank. In der Klage bringen wir unsere Not vor Gott. Wir sagen Gott, dass wir Angst haben, dass uns Unrecht geschieht, dass wir uns bedrängt, ausgelacht, ausgenutzt oder gar misshandelt oder gemoppt fühlen. Wir dürfen Gott sogar sagen, dass wir meinen, er sei gar nicht da!
Die Klage richtet sich an Gott, sie nimmt ihn damit als Gesprächspartner ernst und vertraut letztlich darauf, dass Gott sich zeigt und hilft.

Kind 1:
Wie lange, mein Gott, wirst du mich noch vergessen?
　Erstes Schild mit der Aufschrift »GOTT« wird umgedreht – leere, graue Rückseite ist zu sehen.

Kind 4:
Wie lang wirst du dich vor mir noch verstecken?
　Zweites Schild mit der Aufschrift »GOTT« wird umgedreht – leere, graue Rückseite ist zu sehen.

Kind 2:
Wie lange sollen Sorgen mich noch quälen und Angst mein Herz bedrücken?
　Piktogramm 1 wird aufgedeckt.

Kind 3:
Wie lange können andere noch über mich triumphieren?
Piktogramm 2 wird aufgedeckt.

Kind 1:
Wende dich mir zu und antworte mir, mein Gott!
Erstes Schild mit »GOTT« wird umgedreht – Vorderseite mit dem Wort »GOTT« ist zu sehen.

Kind 2:
Dann kann ich wieder froh werden und ersticke nicht an meinen Problemen und Ängsten.
Piktogramm 1 wird umgedreht – Piktogramm 3 ist zu sehen.

Kind 3:
Oder willst du, dass andere sagen:
Den habe ich besiegt!
Willst du, dass meine Gegner sich freuen, weil ich an dir zweifle?
Ich aber vertraue auf deine Güte.
Piktogramm 2 wird umgedreht – Piktogramm 3 ist zu sehen.

Kind 4:
Von ganzem Herzen freue ich mich über deine Hilfe.
Zweites Schild mit »GOTT« wird umgedreht – Vorderseite mit dem Wort »GOTT« ist zu sehen.

27. Gott danken
Psalm 103

Termin:	7. Sonntag im Jahreskreis und 24. Sonntag im Jahreskreis im Lesejahr A; 8. Sonntag im Jahreskreis und 7. Sonntag der Osterzeit Lesejahr B; 3. Fastensonntag und 7. Sonntag im Jahreskreis im Lesejahr C; in der Fastenzeit; in Gottesdiensten zum Thema »Schuld und Vergebung«
Methode:	Psalmengebet mit Gesten und Gesang
Materialien:	– ca. 5 große Steine, 5 mittelgroße Steine (darauf achten, dass sie für die Kinder nicht zu schwer sind) – 5 Schnittblumen (gleiche oder verschiedene)

■ Gestaltung

Mehrere Kinder legen aus den großen Steinen einen Steinhaufen vor den Altar. Ein Kind legt, während der Kehrvers gesungen wird, einen Stein auf den Steinhaufen, anschließend liest es den Abschnitt des Psalms und steckt eine Blume in den Steinhaufen. Vier weitere Kinder übernehmen Psalmverse.
(Die Kinder sollten Gelegenheit haben, ihren Text zu üben, damit sie ihn verständlich vorlesen können.)

■ Lied:

Ein Danklied sei dem Herrn *(GL 382, Strophe 1 als Kehrvers)*

Strophe 1

Kind 1:
Mein Gott hat mir so viel Gutes getan:
Er hat mir all meine Schuld vergeben.
Er hat mich gesund gemacht.
Er hat mich vom Tod erlöst.
Er hat mir seine Liebe geschenkt.

Jeden Tag kann ich alles Alte hinter mir lassen
und neu beginnen.

Strophe 1

Kind 2:
Ja, so ist Gott, der Herr!
Es ist ihm wichtig,
dass er allen, die unterdrückt werden,
zu ihrem Recht verhilft.

Strophe 1

Kind 3:
Mein Gott ist barmherzig, gnädig, geduldig und gütig.
Er verzeiht den Menschen all ihre Schuld.
So ist Gott schon immer zu allen Menschen gewesen,
und so ist er es auch heute noch.

Strophe 1

Kind 4:
Wer an Gott glaubt,
wird all das erleben.
Darum soll der ganze Himmel mit allen Engeln
und die ganze Erde mit allem, was auf ihr lebt,
Gott, den Herrn, loben!

Strophe 1

28. Gott und sein Wort loben

Halleluja

Termin:	immer möglich, wenn ein Halleluja gesungen wird (außer Fasten- und Adventszeit)
Methode:	Gesang mit Bewegungselementen
Materialien:	– kleine Blumensträuße oder bunte Bänder – Lektionar, Lesepult oder Tisch

▇ Gestaltung

Die Kinder bilden zwei Gruppen, die sich an zwei verschiedenen Orten in der Kirche verteilen.

Die erste Gruppe singt einmal das »Halleluja«, dabei stehen die Kinder und öffnen weit die Arme. Nachdem das Lied beendet ist, geht die Gruppe langsam und fröhlich durch die Kirche.

▇ Lied:

Singt Halleluja unserm Herrn
T/M: Linda Stassen, © New Song Ministries 1974

Während die erste Gruppe das »Halleluja« mit sich weit öffnenden Armen singt, geht die zweite Gruppe langsam und fröhlich durch die Kirche. Wenn die erste Gruppe mit dem Lied ist fertig und durch die Kirche geht, bleibt die zweite Gruppe stehen und singt das »Halleluja«, ebenfalls mit sich weit öffnenden Armen.

Auf diese Weise wechseln sich die Gruppen mehrfach ab, dabei bleiben die Gruppen räumlich getrennt. Beide Gruppen begegnen sich schließlich gleichzeitig am Ambo, wo sie den Priester mit dem Lektionar in Empfang nehmen. Nach dem Ruf zum Evangelium singen die Kinder noch einmal gemeinsam mit der Gemeinde das »Halleluja«. Nach der Verlesung des Evangeliums singen alle noch einmal gemeinsam das Halleluja-Lied, dann gehen die Kinder auf ihre Plätze.

Um das »Halleluja« zu unterstützen, können die Kinder kleine Blumensträuße oder bunte Bänder in den Händen halten. Nach Verlesung des Evangeliums schmücken diese den Ambo.

▍ Alternativ:

Das Lektionar wird auf ein Lesepult oder einen Tisch im hinteren Bereich der Kirche gelegt. Dort erwarten die Kinder den Gottesdienstleiter, der von zwei Messdienern mit Kerzenleuchtern und den singenden Kindern begleitet, das Lektionar zum Ambo trägt. Die Kinder singen gemeinsam mit der Gemeinde das Halleluja-Lied.

29. Auf Gottes Wort hören

Lesung

Termin:	16. Sonntag im Jahreskreis im Lesejahr C (Lk 10, 38–42); Gottesdienste zum Thema »Auf Gott hören«
Methode:	Hören
Materialien:	– Klangschale, Lektionar (Evangeliar), Buchstütze, kleiner Tisch mit weißer Tischdecke, zwei Kerzenleuchter mit brennenden Kerzen
Alter:	besonders für Kita-Alter

▪ Gestaltung

Ein Tisch für das Lektionar wird vor dem Altar aufgestellt.
Der Gottesdienstleiter holt die Klangschale und lädt die Kinder ein, sich um ihn herum z. B. auf die Altarstufen zu setzen.

Heute habe ich eine Klangschale mitgebracht *(hochhalten und zeigen)*. Ich bringe sie jetzt zum Klingen und ihr hört einmal ganz genau zu. Wenn man still ist und sich konzentriert, kann man den Ton ganz lange hören. Wer den Ton der Klangschale nicht mehr hört, hebt ganz still seine Hand.
Wenn der Ton verklungen ist: Es hat richtig lange gedauert, bis ihr eure Hände erhoben habt. Wie habt ihr das Hören auf den Ton empfunden?

Die Kinder werden in etwa berichten, dass sie den Ton zunächst normal mit den Ohren gehört haben und dass sie ihn später eigentlich nur noch in ihrem Innern gefühlt haben – dass der Ton »innen gesummt hat«. Gerne können alle ein weiteres Mal den Ton der Klangschale hören.

So wie ihr das jetzt mit der Klangschale erlebt habt, so geht ein ganz tiefes Zuhören. Jesus möchte, dass wir genau auf sein Wort hören: Unsere Ohren hören sein Wort, und dann dringt es ganz tief in unser Inneres, in unser Herz. Hören wir jetzt gemeinsam auf das Wort Gottes.

Die Kinder gehen wieder auf ihre Plätze.
Lesung des Evangeliums, dazu Kinderbibel verwenden.
Anschließend wird das Evangelium zusammen mit den Kerzenleuchtern auf den Tisch gelegt/gestellt.

Jesus zeigt uns in diesem Evangelium, wie wichtig es für ihn ist, dass wir Menschen auf seine Worte hören. Maria macht es genauso. Sie ist ganz nahe bei Jesus und hört ihm mit ihren Ohren und mit ihrem Herzen zu. Wir haben gerade mit unseren Ohren und unserem Herzen dem Wort Gottes zugehört. Jetzt sind auch wir eingeladen, ganz nahe zu Jesus zu kommen, der in seinen Worten für uns da ist.

30. Ein Geist und viele Gaben

Lesung und Auslegung

Termin:	Lesejahr C: 2. So JK (1 Kor 12, 4–11: Ein Geist und viele Gaben), Pfingsten
Methode:	Veranschaulichung mit Legematerialien
Materialien:	– drei große flache Kartons gleicher Größe (z. B. Schuhkartons für Stiefel), die entweder rot angemalt oder in rotes (Geschenk-)Papier eingewickelt sind – neun verschieden große (Schuh-)Kartons, die entweder grün angemalt oder in grünes (Geschenk-)Papier eingewickelt sind – verschieden große Kartons, auch kleine und möglichst bunte – evtl. einen dicken schwarzen Edding-Stift zum Beschriften

▪ Gestaltung

▪ Hinführung:

Zu unserer Kirche gehören ganz verschiedene Menschen. Große und Kleine, Arme und Reiche, Menschen mit heller Hautfarbe und Farbige. Gott hat uns ganz verschieden gemacht – jeder ist auf seine Weise schön, jede ist etwas Besonderes. Gott hat allen Menschen besondere Begabungen geschenkt und möchte, dass wir in der Kirche zueinander gehören und uns gut verstehen.
Wir wollen nun aus der Bibel vorlesen und dazu eine Kirche bauen, die so bunt und schön ist, wie wir es sind.

Mit den Kartons wird während der Lesung eine Kirche aufgebaut. Zunächst werden die drei roten Kartons als Fundament gelegt, anschließend werden darauf die grünen Kartons als Bausteine für die Kirche gestellt. Später die bunten Kartons darübergeschichtet.

▪ Lesung:

(Schwestern und) Brüder!
Es gibt verschiedene Gnadengaben, aber nur den einen Geist.

Gottes Geist schafft das Fundament zu unserer Kirche und so wollen wir nun das Fundament aus roten »Steinen« bauen.

Der erste rote Karton wird auf den Boden gelegt.

Es gibt verschiedene Dienste, aber nur den einen Herrn.
Jesus hilft uns, Kirche zu sein. Wir legen einen weiteren roten »Stein« in unser Fundament.

Der zweite rote Karton wird neben den ersten auf den Boden gelegt.

Es gibt verschiedene Kräfte, die wirken, aber nur den einen Gott:
Gott hilft uns, Kirche zu sein. Wir legen einen weiteren roten »Stein« in unser Fundament.

Der dritte rote Karton wird neben den zweiten auf den Boden gelegt.

Gott bewirkt alles in allen.
Jedem aber wird die Offenbarung des Geistes geschenkt, damit sie anderen nützt.
Jedem schenkt Gott besondere Gaben, damit wir einander helfen und füreinander da sind. Jetzt werden besondere Gaben genannt, die für das Miteinander in der Kirche wichtig sind:

Bei der Nennung der folgenden Geistesgaben wird jeweils ein grüner Karton oben auf die anderen Kartons gestellt.

Dem einen wird vom Geist die Gabe geschenkt, Weisheit mitzuteilen, um anderen zu helfen, den Sinn für ihr Leben zu finden.

Dem andern gibt er durch den gleichen Geist die Gabe, Erkenntnis zu vermitteln, um anderen die Wahrheit über Gott zu erzählen.

Dem Dritten gibt er im gleichen Geist Glaubenskraft, um denen, die an Gott zweifeln, ein wichtiges Vorbild an Glaubensstärke zu sein.

Einem andern schenkt Gott – immer in dem einen Geist – die Gabe, Krankheiten zu heilen, um Kranken wieder Hoffnung und Lebenskraft zu geben.

Einem andern schenkt Gott Wunderkräfte, um mutig nach dem Willen Gottes zu leben, auch da, wo es unmöglich scheint.

Einem andern gibt Gott prophetisches Reden, um anderen den Willen Gottes zu erklären.

Einem andern schenkt Gott die Fähigkeit, die Geister zu unterscheiden, um Böses von Gutem unterscheiden zu können.

Wieder einem andern gibt Gott verschiedene Arten von Zungenrede, um das zu erbitten, was Gott nach seinem Willen einem Menschen schenken will.

Einem andern schließlich schenkt Gott die Gabe, die Zungenrede zu deuten, um zu erkennen, was für einen Menschen nach Gottes Willen gut ist.

Das alles bewirkt ein und derselbe Geist;
einem jeden teilt er seine besondere Gabe zu, wie er will.

Auch von uns hat jeder besondere Begabungen. Die erscheinen uns vielleicht nicht so besonders wie die, von denen wir gerade gehört haben. Und doch ist jede gute Gabe wichtig: Der eine kann gut Fußball spielen, eine andere besonders schön singen, der eine kann gut rechnen, eine andere gut Witze erzählen und damit andere zum Lachen bringen.

Die Kinder erzählen lassen, was es noch alles für Begabungen gibt.

Diese Begabungen sind uns geschenkt, um Freude zu haben am Leben und füreinander da zu sein. Welche Begabungen brauchen wir, damit es in unserer Kirche/Gemeinde schön ist?

Weitere Begabungen der Kinder werden benannt, entsprechend werden die bunten Kartons auf die grünen gestellt und so die Kirche fertig gebaut.

Zusammenfassung:

Die vielen Begabungen machen erst zusammen die Kirche (Gemeinde) zur Kirche. Kirche gelingt nur, wenn alle zusammen und füreinander ihre Begabungen einsetzen. Jedes Kind kann und soll dazu schon jetzt beitragen.
Gott ist das Fundament der Kirche, in der der Heilige Geist wirkt *(auf rote Kartons zeigen)*. Auf diesem Fundament können und sollen wir unsere Kirche bauen.

Alternative:

Die grünen Kartons können auch jeweils wie folgt beschriftet werden: »Weisheit«, »Erkenntnis«, »Glauben«, »Heilen«, »Wunderkräfte«, »Prophetie«, »Unterscheidung«, »Sprachen-Gebet«, »Sprachen-Deutung«

31. Prozession mit dem Lektionar

Evangelium

Termin:	häufig möglich
Methode:	Prozession
Material:	– ein Lektionar oder ein Evangeliar, ein Lesepult (oder kleiner Tisch), zwei Kerzenleuchter mit brennenden Kerzen
	– ein Weihrauchgefäß mit glühender Kohle und ein Schiffchen mit Weihrauchkörnern

■ Gestaltung

Das Lesepult (oder der Tisch) wird in der Mitte der Kirche aufgestellt und das Lektionar daraufgelegt. Kind 1 geht zum Lesepult. Zwischen Lesepult und Ambo stellen sich jeweils im gleichen Abstand Kind 2 bis 5 auf. Kind 4 und 5 stehen zusammen.

■ Lied:

Halleluja *(Taizé, TG 363H, nur Refrain)*

Kind 1 verbeugt sich vor dem Lektionar auf dem Lesepult (Tisch). Anschließend nimmt es das Buch in beide Hände und hält es vor seine Brust.

Kind 1:
In diesem Buch steht das Wort Gottes. Halleluja – Preiset den Herrn!

Kind 1 geht zu Kind 2, das einen Kerzenleuchter trägt.

Kind 2:
Wir hören Erzählungen aus dem Alten Testament. Das ist die Geschichte Gottes mit den Menschen vor Jesu Geburt. Halleluja – Preiset den Herrn!

Kind 1 und 2 gehen zu Kind 3, das einen Kerzenleuchter trägt.

Kind 3:
Wir hören die Erzählungen von Jesus aus dem Neuen Testament, die wir »Frohe Botschaft« nennen. Halleluja – Preiset den Herrn!

Die Kerzenträger gehen jetzt rechts und links von Kind 1, gemeinsam gehen sie zu Kind 4, das ein Weihrauch-Schiffchen trägt, und Kind 5 (Messdiener/in), das ein Weihrauchgefäß mit glühender Kohle trägt.

Kind 4:
Mit dem Weihrauch, den wir verbrennen, ehren wir Gott. Halleluja – Preiset den Herrn!

Während die Kinder zum Ambo gehen und sich aufstellen kann das Halleluja von Taizé gesungen werden.

Der Gottesdienstleiter nimmt das Lektionar entgegen und inzensiert es. Nach der Verkündigung des Evangeliums kann das Halleluja von Taizé erneut gesungen werden. Der/die Messdiener/in bringt mit den Kindern Kerzen und Weihrauch in die Sakristei und führt sie anschließend zu ihren Plätzen in der Kirchenbank.

32. Arbeiter im Weinberg

Evangelium

Termin:	25. Sonntag im Jahreskreis im Lesejahr A (Mt 20,1–16a: Arbeiter im Weinberg), bei anderen Gleichnissen ähnlich umsetzbar
Methode:	Rollenspiel
Materialien:	– Weintrauben in einer großen Schüssel – 5 kleinere Schüsseln – 5 Schokoladentaler – kleiner Müllbehälter mit Plastikbeutel – 5 feuchte Lappen und Handtücher

■ Gestaltung

Die große Schüssel mit Weintrauben wird auf den Boden im Altarbereich gestellt. Darum die kleineren Schüsseln und der Müllbehälter.

Jedesmal wenn der Gutsbesitzer Arbeiter für seinen Weinberg anheuert, lädt der Gottesdienstleiter ein Kind ein, sich an eine der fünf Schüsseln zu hocken, Weintrauben von der Rispe abzupflücken und in die Schüssel zu tun. (Die leer gepflückten Stiele kommen in den Müllbehälter.)

Das Evangelium wird bis Vers 9 verlesen.
Das zuletzt dazugekommene Kind bekommt einen Schokoladentaler, und so werden wie im Evangelium alle Kinder mit einem Schololadentaler »bezahlt«. Die Kinder dürfen offen ihre Reaktionen zeigen; möglicherweise auch durch die Frage, ob die Bezahlung gerecht sei, zum Gespräch ermuntert werden. Der Gottesdienstleiter sollte in dieser Diskussion nur moderierend tätig sein, evtl. kann darauf hingewiesen werden, dass mit jedem Arbeiter ein Denar ausgemacht war. Das Gespräch soll den Kindern bewusst machen, wie schwer es ist, diese scheinbare Ungerechtigkeit anzunehmen.

Das Evangelium wird zu Ende gelesen.
Das Gespräch mit den Kindern kann nun wieder aufgenommen werden. Jetzt kann der Gottesdienstleiter die Übertragung auf das »Gerechtigkeitsverständnis« und die Güte Gottes mit den Kindern erarbeiten. Die Spannung, wie schwer die Güte Gottes für uns Menschen zu ertragen ist, muss nicht aufgelöst werden!

Bevor die Kinder wieder in die Bank gehen, können sie bei Bedarf ihre Hände mit den feuchten Lappen säubern und anschließend abtrocknen.

33. Unter die Räuber fallen?

Evangelium

Termin:	15. Sonntag im Jahreskreis im Lesejahr C (Lk 10, 25–37: Barmherziger Samariter), ähnlich auch bei anderen Gleichnissen zu gestalten
Methode:	Rollenspiel
Material:	– eine dicke Decke oder Iso-Matte

Gestaltung

Ein Perspektivwechsel hebt häufig die Aussage eines Gleichnisses deutlicher hervor. Die Sichtweise von Personen in Nebenrollen oder passiven Rollen sollen hervorgehoben und angeschaut werden. Die Motivation zu gutem und richtigem Verhalten kann so verdeutlicht werden (in nachfolgendem Beispiel: das Helfen aus Mitleid).
Die Kinder werden gebeten, sich an verschiedene Orte in der Kirche zu verteilen und zu beschreiben, was sie jetzt sehen. Jedes Kind nimmt die Kirche anders wahr, kann andere Dinge erkennen, sieht etwas anderes.

Hinführung:

Die Kirche kann ganz unterschiedlich aussehen, je nachdem wo wir stehen. Wir nennen das einen Perspektivwechsel, den Wechsel der Sichtweise, die wir haben. Wir können die Dinge nicht nur von unterschiedlichen Orten aus betrachten, sondern zwei Menschen können dasselbe erleben, aber – weil Menschen verschieden sind – hat jeder seine Sichtweise des Erlebten. Oft ergibt sich die Sichtweise aus einer bestimmten Rolle: Lehrer und Schüler, Eltern und Kinder betrachten dieselben Dinge aus einer anderen Perspektive. Wir können den anderen oft besser verstehen, wenn wir versuchen, seine Perspektive einzunehmen.
Mithilfe eines Rollenspiels wollen wir das heutige Evangelium neu verstehen:

Das Evangelium wird versweise vorgelesen, nachgespielt und besprochen. Es wird immer wieder gefragt, wie sich die passive Person (hier der Überfallene) wohl fühlen mag. Die gewohnte Identifizierung mit den aktiven Personen wird aufgebrochen, der Blick wird auf die Gefühle des Überfallenen, jetzt die Hauptperson, gerichtet.

Rollenspiel:

Lk 10, 25–30 lesen.
Ein Kind spielt den überfallenen Mann, es legt sich auf die Decke.

Ein Mann ist gerade überfallen worden. Die Räuber haben ihn geschlagen und ihm alles weggenommen, sogar seine Kleidung. Wie fühlt sich der Mann jetzt?
Mögliche Antworten: Der Mann schämt sich, weil er nackt ist; er hat große Schmerzen; er fühlt sich allein, schutz- und hilflos; er kann sich nicht bewegen,

noch nicht einmal um Hilfe rufen; er hat Angst zu sterben oder dass ein wildes Tier kommt.

Lk 10, 31 lesen.
Ein Kind spielt den Priester. Es geht zu dem Überfallenen, bleibt einen Moment stehen und guckt ihn an und geht dann weiter.

Wie fühlt sich wohl der überfallene Mann als er den Priester kommen sieht?
Mögliche Antworten: Der Mann freut sich, weil ein Priester vorbeikommt, denn ein Priester hilft den Menschen. Er hat Hoffnung, dass er jetzt gerettet ist.

Und wie hat sich der Überfallene wohl gefühlt, als der Priester vorbeigegangen ist?
Mögliche Antworten: Wenn ein Priester ihm nicht hilft, wer soll ihm dann noch helfen? Jetzt fühlt er sich noch mehr allein gelassen und ist noch hoffnungsloser.

Lk 10, 32 lesen.
Ein Kind spielt den Levit. Es geht zu dem Überfallenen, bleibt einen Moment stehen und guckt ihn an und geht weiter.

Was meint ihr, wie der überfallene Mann sich jetzt fühlt?
Mögliche Antworten: Der Mann hat sich aufgegeben. Wenn Menschen, die Gott dienen, ihm nicht helfen, dann hilft ihm wohl keiner mehr. Es wäre dem Überfallenen inzwischen völlig egal, wer ihm hilft. Er möchte nur noch, dass sich einer um ihn kümmert.

Lk 10, 33–35 lesen.
Ein Kind spielt den Samariter. Es kniet sich neben das Kind auf dem Boden und nimmt seine Hand und hält sie. Die beiden Kinder schauen sich an.

Der Samariter kümmert sich um den Mann, er tut für ihn alles so, als wenn er selbst dort liegen würde. Was meint ihr, was der überfallene Mann jetzt wohl fühlt?
Mögliche Antworten: Der Überfallene ist einfach nur froh und dankbar, dass ihm jemand hilft.

Vorhin haben wir gesagt, der Überfallene will einfach nur noch, dass ihm jemand hilft, egal wer. Welche Gefühle hat der überfallene Mann jetzt wohl für den Samariter?
Mögliche Antworten: Der Samariter wird ihm durch seine Hilfe zum besten Freund. Er ist ihm näher als sonst irgendein Mensch.

Der Samariter ist für den überfallenen Mann zum Nächsten geworden.

Lk 10, 36–37 lesen, dann zusammenfassen:
Wenn wir unseren Nächsten wirklich lieben wollen, dann müssen wir unsere Sichtweise ändern, so wie wir das anfangs in der Kirche gemacht haben. Wie der Samariter müssen wir uns in die anderen Menschen hineinversetzen, ihren Schmerz und ihre Not nachfühlen, mitleiden. Manchmal ist es schwierig, unsere Sichtweise zu verändern und die Gefühle anderer Menschen zu verstehen. Aber nur, wenn wir das immer wieder versuchen, kann das Miteinander gelingen.

34. Zachäus will Jesus sehen

Evangelium

Termin:	31. Sonntag im Jahreskreis im Lesejahr C (Lk 19,1–10: Der Zöllner Zachäus); bei vielen Evangelien ähnliche Gestaltung möglich
Methode:	Lesen in verteilten Rollen, Rollenspiel, aufmerksames Hören
Materialien:	– ein Gong (evtl. auch größere Klangschale) – eine zweistufige, stabile Leiter

■ Gestaltung

Das Evangelium wird gelesen, ein Kind spielt Jesus (steht neben dem Ambo), ein Kind spielt Zachäus (steht auf der anderen Seite der Volksmenge), alle anderen Kinder spielen die Volksmenge (zwischen Jesus und Zachäus). Die Leiter steht neben »Zachäus«. Ein Kind schlägt den Gong.

Erzähler:
In jener Zeit kam Jesus nach Jericho und ging durch die Stadt.
Dort wohnte ein Mann namens Zachäus;
er war der oberste Zollpächter und war sehr reich.
Er wollte gern sehen, wer dieser Jesus sei,

doch die Menschenmenge versperrte ihm die Sicht; denn er war klein.

Die »Volksmenge« winkt mit den Armen.

Erzähler:
Darum lief Zachäus voraus und stieg auf einen Maulbeerfeigenbaum, um Jesus zu sehen, der dort vorbeikommen musste.

»Zachäus« steigt auf die Leiter.

Erzähler:
Als Jesus an die Stelle kam, schaute er hinauf
und sagte zu ihm:

Jesus:
Zachäus, komm schnell herunter!
Denn ich muss heute in deinem Haus zu Gast sein.

Erzähler:
Da stieg er schnell herunter und nahm Jesus freudig in sein Haus auf.

»Zachäus« steigt von der Leiter und geht um die »Volksmenge« herum zu »Jesus«.

Jedes Kind der Volksmenge bekommt einen Satz, den es laut wiederholt:
- Das ist ein Sünder!
- Geh nicht in sein Haus!
- Finger weg von dem Sünder!
- Mit dem wollen wir nichts zu tun haben!
- Das ist ein Betrüger!
- Komm lieber zu mir!
- Der gehört nicht zu uns!
- …

Erzähler:
Zachäus aber wandte sich an Jesus und sagte:

Zachäus:
Herr, die Hälfte meines Vermögens will ich den Armen geben,
und wenn ich von jemandem zu viel gefordert habe, gebe ich ihm das Vierfache zurück.

Der Gong wird dreimal geschlagen.

34. Zachäus will Jesus sehen

Jesus:
Heute ist diesem Haus das Heil geschenkt worden.
Ich bin gekommen, um zu retten, was verloren ist.

Mögliche Fragestellungen zur Reflexion:
An die Volksmenge: Ist es einfach, mit den anderen mitzurufen? Auch wenn man selbst gar nicht dieser Meinung ist? Hat man immer recht, wenn man die Meinung einer großen Gruppe vertritt? Wie ist es möglich, etwas anderes zu rufen?
An Zachäus: Was hat sich für dich verändert, als Jesus sich zu dir nach Hause eingeladen hat? Was verändert sich, wenn jemand das Gute in uns sieht? Was geschieht, wenn jemand mit uns zusammensein möchte?
An Jesus: Wie ist Zachäus von dir geheilt worden? Was bedeutet »Heil« für dich? Wovon ist Zachäus geheilt worden? Was ist dein Auftrag den Menschen gegenüber?

35. Ein Sämann geht aufs Feld
Evangelium

Termin:	15. Sonntag im Jahreskreis im Lesejahr A (Mt 13,1–9: Das Gleichnis vom Sämann); ähnliche Methode auch bei anderen Gleichnissen möglich
Methode:	Veranschaulichung mit Legematerialien
Materialien:	– Puppe, die einen Bauern darstellt – Kürbiskerne und Blumenerde – ein erdfarbenes Tuch – eine Steinplatte – Plüschtier-Vogel – Sonne (z. B. aus Pappe gebastelt) – Dornenzweige (alternativ Stacheldraht) – große Blumenschale, die mit Erde gefüllt wird

▪ Gestaltung

Während das Evangelium schrittweise vorgelesen wird, entsteht gleichzeitig das Bodenbild. Es wird den Kindern ermöglicht, das ganze Evangelium in den Blick zu nehmen:

Um das Wachsen der Saat zu betonen, kann jeweils ein Kind die Samenkörner verstreuen.

V 3b: Die Bauer-Puppe wird aufgestellt.
V 4: Das erdfarbene Tuch wird als »Weg« gelegt, auf den Körner gestreut werden, dazu wird der Plüschtier-Vogel gestellt.
V 5–6: Daneben wird die Steinplatte gelegt, mit wenig Erde bestreut, auf die wiederum Körner gestreut werden, dazu wird die Sonne gelegt.
V 7: Daneben wird das Dorngebüsch hingelegt, in das die Körner gestreut werden.
V 8: Daneben wird die Schale mit Erde gestellt. Körner werden auf die Erde gestreut.

▪ Auslegung:

Jesus erzählt den Menschen von Gott, er vergleicht ihn mit einem Bauern, der seinen Samen ausstreut. Der Same ist Gottes Wort, das von den Menschen unterschiedlich aufgenommen wird.
Bei manchen Menschen kommen die Worte gar nicht an.
Von anderen werden Gottes Worte gerne gehört, haben aber keine Wirkung.
Wieder andere halten ihre Gedanken, Sorgen und Interessen davon ab, auf Gottes Worte zu hören.
Und dann gibt es jene Menschen, die auf Gottes Wort hören und danach leben. Sie kommen Gott immer näher und der Glaube an Gott kann immer größer in ihnen werden. Jesus nennt das: Das Reich Gottes wächst unter den Menschen.

36. Was wir glauben

Glaubensbekenntnis

Termin: häufig möglich

Methode: kindgerechtes Glaubensbekenntnis mit gesungenem Kehrvers, eventuell mit Gesten

■ Gestaltung

Die Kinder werden zum Glaubensbekenntnis in einen Halbkreis um den Altar eingeladen.
Im Wechsel liest jeweils ein Kind einen Satz des Glaubensbekenntnisses vor und die anderen Kinder antworten zusammen mit der Gemeinde mit der Liedstrophe.

■ Lied:

Er hält die ganze Welt in seiner Hand *(T/M: Spiritual, dt. Text: Klaus Heinzmann)*

Alle: Strophen 1–2

Kind 1:
Wir glauben an Gott, den Vater.
Er hat die ganze Welt erschaffen,
die Berge und Täler,
das Meer und die Flüsse,
die Pflanzen und die Tiere
und auch uns Menschen.

Alle: Strophen 3–4

Kind 2:
Wir glauben an Jesus Christus,
den Sohn Gottes.
Er wurde von Maria in Betlehem geboren
und von Johannes im Jordan getauft.
Er hat uns das Reich Gottes verkündet.
Er hat die Armen geliebt,

die Kranken geheilt,
und uns unsere Schuld vergeben.
Er ist am Kreuz gestorben
und von Gott am dritten Tag auferweckt worden.

Alle: Strophen 5–6

Kind 3:
Wir glauben an den Heiligen Geist.
Er ist die Kraft Gottes,
die unsere Kirche mit Leben erfüllt.
Wir glauben daran,
dass wir auferstehen, so wie Jesus,
und dass wir dann in alle Ewigkeit bei Gott leben.

Alle: Strophen 7–8

Alternativen:

Der Gottesdienstleiter spricht das Glaubensbekenntnis vor.

Als Antwortgesang kann auch ein vertontes »Amen« gesungen werden, z. B. GL 201, 3.

Zu den Liedversen können auch Gesten gemacht werden, z. B.:
Er hält die ganze Welt in seiner Hand,
   Beide Arme nach oben strecken und in weitem Bogen nach unten führen.

er hält auch dich und mich in seiner Hand,
   Bei »dich« auf ein anderes Kind zeigen, bei »mich« auf sich selbst zeigen.

er hält den Himmel und die Erde in seiner Hand.
   Bei »Himmel« die rechte Hand nach oben strecken und dort lassen, bei »Erde« die linke Hand nach unten strecken.

Und weitere Gesten. Die Gesten eventuell gemeinsam mit den Kindern vor dem Gottesdienst ausdenken.

37. Den Glauben ins Bild bringen
Glaubensbekenntnis

Termin:	im Jahreskreis
Methode:	Bodenbild mit Legematerialien gestalten
Materialien:	– blaues und grünes Tuch (je 2 m × 3 m) – schwarzes Tuch (1 m × 3 m) – zwei Kerzen (Streichhölzer, Docht) – Taube aus weißem Tonkarton (⌀ 50 cm) – Staue der Gottesmutter mit Jesuskind (Höhe 50–70 cm) – zusammengebundene Stricke (Länge 50 cm) und eine Dornenkrone (⌀ 30–40 cm, z. B. aus dornigem Strauchwerk) – Holzkreuz (50 cm × 70 cm) – Osterkerze und Bild vom auferstandenen Jesus (⌀ 50–70 cm) – zwei Menschenketten aus Tonkarton (Höhe der Männchen ca. 50 cm)

▮ Gestaltung

Das Glaubensbekenntnis wird in den unterteilten Sinneinheiten vorgelesen und dann von den Kindern nachgesprochen und dazu Stück für Stück das Bild auf den Treppen vor dem Altar aufgebaut (um bessere Sichtbarkeit für alle Gemeindemitglieder zu ermöglichen oder im Mittelgang der Kirche).

Ich glaube an Gott, den Vater, den Allmächtigen, den Schöpfer des Himmels
Blaues Tuch legen und eine brennende Kerze in die Mitte des Tuches stellen.

und der Erde.
Ein grünes Tuch unter das blaue Tuch legen.

Und an Jesus Christus, seinen eingeborenen Sohn, unseren Herrn, empfangen durch den Heiligen Geist,
Eine Taube links von der Kerze auf das blaue Tuch legen.

geboren von der Jungfrau Maria,

Eine Statue der Gottesmutter mit Kind neben die Taube auf das grüne Tuch stellen.

gelitten unter Pontius Pilatus,
Stricke und Dornenkrone auf das grüne Tuch legen.

gekreuzigt, gestorben und begraben,
Das Kreuz auf das grüne Tuch legen.

hinabgestiegen in das Reich des Todes,
Das schwarzes Tuch unter das grüne Tuch legen.

am dritten Tag auferstanden von den Toten,
Die Osterkerze auf das grüne Tuch stellen.

aufgefahren in den Himmel, von dort wird er kommen zu richten die Lebenden und die Toten.
Zur Kerze auf dem blauen Tuch das Bild vom auferstandenen Jesus legen.

Ich glaube an den Heiligen Geist,
Eine brennende Kerze zur Taube stellen.

die heilige katholische Kirche,
Menschenkette auf das grüne Tuch legen.

die Gemeinschaft der Heiligen,
Menschenkette auf blaues Tuch legen.

Vergebung der Sünden, Auferstehung der Toten und das ewige Leben. Amen.
Die Osterkerze anzünden.

■ Alternativ:

In Kinderpredigt oder Katechese das Glaubensbekenntnis erklären und zur Anschauung das Bild legen. Beim anschließenden Bekenntnis bilden alle Kinder einen Kreis um das Bild (halten sich an den Händen) und sprechen gemeinsam (auch dort Satz für Satz vorsprechen).

37. Den Glauben ins Bild bringen

38. Gott ist dreifaltig einer

Glaubensbekenntnis

Termin:	Gottesdienste im Jahreskreis und zum Thema »Dreifaltigkeit«
Methode:	Gestaltung mit Legematerialien
Materialien:	– silberfarbener Tüll oder ähnliches (12 m × 1 m)
	– Tonkartonpappen, die Erdteile, Pflanzen Tiere und Menschen darstellen, oder entsprechende Spielzeugfiguren, Landkartenteile oder ähnliches
	– kupferfarbener Tüll oder ähnliches (6 m × 1 m)
	– eine Statue von Jesus oder ein entsprechendes Bild (kein Kreuz); 20 Smileys (⌀ 20 cm), 20 Kerzen in Glasschalen, Docht und Streichhölzer zum Anzünden der Kerzen, kleine Zettel mit dem Apostolischen Glaubensbekenntnis in Anzahl der zu erwartenden Kinder

■ Gestaltung

■ Hinführung:

Wir verehren einen Gott in drei Personen. Das Glaubensbekenntnis beschreibt, wie jede göttliche Person in unserer Welt wirkt. Dazu werden die Kinder nun ein Bodenbild legen. Anschließend wollen wir gemeinsam unseren Glauben bekennen.

Kind 1:
Wir glauben an Gott, den wir Vater nennen dürfen. Er hat alle Macht auf der Welt.
Er ist es, der unsere Welt erschaffen hat, mit allem, was lebt.
Mit der silbernen Stoffbahn einen Kreis legen (⌀ 4 m, Breite 1 m), die Kinder können darauf Erdteile, Pflanzen, Tiere und Menschen legen.

Kind 2:
Wir glauben an Jesus Christus, er ist der Sohn Gottes.
Er wurde von Maria geboren und ist Mensch geworden wie wir.
Er wurde gekreuzigt, ist gestorben und begraben worden.

Am dritten Tag ist er auferstanden von den Toten
und aufgefahren in den Himmel;
von dort wird er eines Tages wiederkommen,
und allen Menschen Gottes Gerechtigkeit bringen.

Die Statue (oder das Bild) von Jesus wird in die Mitte des Kreises gestellt (gelegt).

Kind 3:
Wir glauben an den Heiligen Geist, er ist die Kraft Gottes in der Welt,

Das kupferfarbene Tuch wird zwischen den äußeren Kreis und die Statue (das Bild) von Jesus gelegt.

Kind 1:
wir glauben an die heilige katholische Kirche,
und die Gemeinschaft der Heiligen im Himmel,

Einige Kinder können die Smileys auf das kupferfarbene Tuch legen.

Kind 2:
wir glauben an die Vergebung der Sünden,
die Auferstehung der Toten
und das ewige Leben.

Einige Kinder können die Kerzen auf das kupferfarbene Tuch stellen. Der/die Gottesdienstleiter/in zündet die Kerze (evtl. zusammen mit einem größeren Kind) an.

Anschließend bekommen die Kinder die Zettel mit dem Glaubensbekenntnis und stellen sich um das Bodenbild. Gemeinsam beten alle das Glaubensbekenntnis.

39. Tragt in die Welt ein Licht
Fürbitten

Termin: häufig möglich
Methode: Gesungene Fürbitten

Materialien:	– Teelichter in Glasschalen in Anzahl der Fürbitten – Bilder zu den in den Fürbitten bedachten Menschen, z. B. aus der Zeitung (⌀ ca. 40–50 cm) auf stabile Pappe aufgeklebt
Alter:	besonders Kita-Alter

▪ Gestaltung

▪ Lied:

Tragt in die Welt nun ein Licht *(siehe Seite 16)*

Die Bilder der Menschengruppen, für die gebetet wird, werden vor dem Altar aufgestellt.
In den folgenden Strophen werden nun die Menschen genannt, für die gebetet wird. Während nacheinander die Strophen des Liedes als Fürbitten gesungen werden, bringt zu jeder Strophe ein Kind ein brennendes Teelicht und stellt es zu dem Bild der entsprechenden Personen vor den Altar.

Strophe 2: zu den Alten *(jeweils einfügen bei »in die Welt«)*
Strophe 3: zu den Kranken
Strophe 4: zu den Kindern

Weitere Strophen können erdacht werden, z. B.:

Strophe 5: zu den Armen
Strophe 6: zu den Feinden
Strophe 7: zu den Traurigen
Strophe 8: zu den Fremden
Strophe 9: zu den Eltern
Strophe 10: zu den Schwachen
Strophe 11: zu den Einsamen
Strophe 12: zu den Sterbenden
usw.

40. Ein Herz für andere haben

Fürbitten

Termin:	häufig möglich
Methode:	Veranschaulichung mit einem Symbol
Materialien:	– Stellwand – ein Herz aus rotem Tonkarton (die Stellwand ausfüllend) – Bilder notleidender Menschen (evtl. vergrößern für ⌀ 25 cm) – Reißzwecken oder ähnliches, um die Bilder anzubringen – Zettel mit Fürbitten – viele kleine rote Herzen aus Tonkarton
Alter:	für Kita-Alter möglich

■ Gestaltung

Die Stellwand wird für alle gut sichtbar aufgebaut und das Herz aus Tonkarton auf ihr befestigt.
Die Fürbitten werden zuvor von den Kindern selbst formuliert. Es sind einfache Sätze, in denen nur die Menschen genannt werden, für die gebetet wird.

Gott ist barmherzig. In dem Wort »barmherzig« sind die Worte »Herz« und »Erbarmen« enthalten. Das Herz steht dafür, dass Gott alle Menschen liebt. Das Erbarmen steht dafür, dass Gott möchte, dass es allen Menschen gut geht. Wir wollen beten für alle Menschen in unserer Stadt, denen es nicht gut geht:

– Guter Gott, wir bitten dich für die Obdachlosen in unserer Stadt.
– Gott, öffne dein Herz für die Arbeitslosen in unserer Stadt.
– Erbarme dich der Kranken in unserer Stadt.
– …

Das Kind, das die Fürbitte spricht, leitet die Antwort der Gemeinde ein: Herr, erbarme dich. *(Bitte mit auf den Zettel schreiben!)*
Die Gemeinde antwortet: Herr, erbarme dich.

Gütiger Gott schenke auch uns dein Erbarmen. Amen.

Jeder Fürbitte wird ein Bild z. B. aus der Tageszeitung zugeordnet, das den oder die Menschen abbildet, für die gebetet wird. Jeweils zwei Kinder werden für eine Fürbitte gebraucht: Ein Kind liest die Fürbitte, das andere geht mit dem Bild zur Stellwand und heftet es dort auf das Herz.

■ Alternativ:

Als Bilder können auch selbstgemalte Bilder der Kinder genommen werden. Die Kinder können auf die kleinen Herzen aus Tonkarton Wünsche für die Gemeindemitglieder malen oder schreiben. Die Herzen können am Ende des Gottesdienstes an alle Gottesdienstteilnehmer verteilt werden (das muss extra vorbereitet werden).

41. Mauern einreißen

Fürbitten

Termin:	Fastenzeit
Methode:	symbolische Handlung
Materialien:	– 10–15 Kartons, möglichst gleicher Abmaße (z. B. Umzugskartons), damit sie gut stapelbar sind
	– Zettel mit Fürbitten

■ **Gestaltung**

Eine Mauer aus den Kartons ist gut sichtbar aufgebaut.

■ Lied:

Du sei bei uns *(GL 182, 2)* oder: Christus erhöre uns *(GL 181, 2)*

Ein Kind liest eine Fürbitte vor, anschließend nimmt es einen »Mauerstein« von der Mauer herunter und legt ihn beiseite.

Gott, wir bitten dich: Führe alle Christen in einer Kirche zusammen.

Gott, wir bitten dich: Beende alle Kriege und schenke den Menschen Frieden.

Gott, wir bitten dich: Befreie die unterdrückten Völker und hilf den Machthabern sie als gleichwertige Menschen anzuerkennen.

Gott, wir bitten dich: Hilf den Menschen, die aus ihrem Land fliehen müssen, und lass sie eine neue Heimat finden.

Gott, wir bitten dich: Berühre die Herzen der Reichen und lass sie mit den Armen teilen.

Gott, wir bitten dich: Beende allen Streit und schenke den Menschen Versöhnung.

Gott, wir bitten dich: Wecke in den Menschen die Bereitschaft, die Ausgestoßenen und Verachteten in ihre Gemeinschaft aufzunehmen.

Gott, wir bitten dich: Hilf den streitenden Eltern wieder in Treue und Liebe zusammenzufinden.

Gott, wir bitten dich: Hilf den Menschen die Wahrheit zu sagen anstatt zu lügen und schenke ihnen wieder Vertrauen zueinander.

Gott, wir bitten dich: Steh allen Menschen bei, die wegen ihrer Religion verfolgt werden, und schenke den Menschen echte Achtung voreinander.

42. Mein Gebet steige wie Weihrauch vor dir auf

Termin:	häufig möglich
Methode:	sinnenhafter Vollzug des Geschehens
Materialien:	– Ein kleiner Tisch mit Tischdecke – Standkreuz – Weihrauchgefäß mit glühender Kohle und Schiffchen mit Weihrauch – ein Mikrofon zum Aufstellen oder ein mobiles Mikrofon – Zettel mit Fürbitten

▊ Gestaltung

Der Tisch wird zwischen die Kirchenbänke und die Altarstufen gestellt. Auf den Tisch werden das Kreuz, die Weihrauchschale mit der glühenden Kohle und eine Schale mit Weihrauchkörnern gestellt. Das Standmikrofon wird im Mittelgang der Kirche platziert.

▊ Lied:

Du sei bei uns *(GL 182)*

Das Kind, das eine Fürbitte spricht, tritt aus der Kirchenbank zum Mikrofon, trägt die Fürbitte vor, geht zum Tisch, legt den Zettel zum Kreuz und gibt dann drei Weihrauchkörner auf die Kohle. Währenddessen vertieft die Gemeinde die Fürbitte in Stille.
Wenn das Kind anschließend auf seinen Platz zurückgeht, singt die Gemeinde den Liedruf »Du sei bei uns« oder einen anderen in der Gemeinde üblichen Liedruf. Das nächste Kind tritt erst dann zum Mikrofon, wenn wieder Stille eingetreten ist.

Die Kinder treten aus der Gemeinde heraus und bringen die Bitten der ganzen Kirche vor Gott. Das wird besonders deutlich, wenn die Kinder für folgende Anliegen Bitten vor Gott tragen:

1. Fürbitte: für die Kirche ...
2. Fürbitte: für die Politiker ...
3. Fürbitte: für die Notleidenden ...
4. Fürbitte: für die Gemeinde vor Ort ...
5. Fürbitte: für die Verstorbenen ...

43. Um Werke der Barmherzigkeit bitten

Fürbitten

Termin:	z. B. Christkönig im Jahreskreis im Lesejahr A (Mt 25, 31–46: Was ihr dem Geringsten getan habt); 15. Sonntag im Jahreskreis im Lesejahr C (Lk 10, 25–37: Der barmherzige Samariter); St. Martin (11. November); Fastenzeit
Methode:	Bildbetrachtung und Veranschaulichung mit Symbolen
Materialien:	– Bild, auf dem die Werke der Barmherzigkeit dargestellt sind; z. B. Misereor-Hungertuch »Barmherzigkeit und Gerechtigkeit« von 1998; Gemälde »Die Werke der Barmherzigkeit« von Peter Brueghel, Pierre Montallier oder Caravaggio – evtl. Beamer und Projektionsleinwand oder Stellwand – ein Brot, eine Wasserflasche, ein Arztkoffer, ein Spielzeughaus (kann z. B. aus Duplo-Steinen oder ähnlichem gebaut werden), ein Kleidungsstück, ein Strauß Blumen, evtl. ein kleiner Tisch, auf dem die Symbole abgelegt werden können

■ Gestaltung

Das Bild »Werke der Barmherzigkeit« wird im vorderen Teil der Kirche aufgehängt oder mit einem Beamer auf eine Leinwand projiziert.

■ Hinführung:

Wir kennen sieben Werke der Barmherzigkeit: Hungrige speisen, Durstigen zu trinken geben, Fremde beherbergen, Nackte bekleiden, Kranke pflegen, Gefangene besuchen, Tote bestatten. Die Reihenfolge dieser Werke folgt dem Matthäusevangelium (Mt 25, 34–46). Das siebte Werk, die Toten zu bestatten, geht auf eine Stelle im Alten Testament zurück (Tob 1, 17–20). So kommt es zu der Anzahl von sieben Werken der Barmherzigkeit.

Die Kinder die Werke der Barmherzigkeit auf dem Bild entdecken und zeigen lassen.

Gott möchte, dass wir Menschen in Not helfen. Das ist uns nicht immer möglich.

Wo wir nicht direkt durch Worte oder Taten helfen können, da können wir für die Notleidenden beten.

▪ Liedruf:

Herr, erbarme dich *(GL 157)*

▪ Fürbitten:

Kind 1: Wir beten für die Menschen, die hungrig sind.
    Kind 2 legt das Brot zu dem Bild.

Liedruf

Kind 3: Wir beten für die Menschen, die durstig sind.
    Kind 4 stellt die Wasserflasche zu dem Bild.

Liedruf

Kind 5: Wir beten für die Menschen, die fremd und obdachlos sind.
    Kind 6 stellt das Spielzeughaus zu dem Bild.

Liedruf

Kind 7: Wir beten für die Menschen, die unbekleidet sind.
    Kind 8 legt das Kleidungsstück zu dem Bild.

Liedruf

Kind 9: Wir beten für die Menschen, die krank sind.
    Kind 10 stellt den Arztkoffer zu dem Bild.

Liedruf

Kind 11: Wir beten für die Menschen, die im Gefängnis sind.
    Kind 12 legt die Blumen zu dem Bild.

Liedruf

III. Gott loben und danken

44. Wir glauben, dass du lebst

Zum Hochgebet

Termin:	häufig möglich
Methode:	Gebet und Tanz

■ Gestaltung

■ Beim dritten Hochgebet zum Geheimnis des Glaubens:

In der vollzogenen Wandlung von Brot und Wein ist das Ostergeschehen gegenwärtig geworden. Wir schauen auf Christus, der am Kreuz für uns gestorben und jetzt in Brot und Wein gegenwärtig ist, und dessen Wiederkunft wir ersehen. Das bekennen wir nun im »Geheimnis des Glaubens« mit Gesang und einem Tanz der Kinder.

Die Kinder stehen im Kreis um den Altar. Sie sollten so stehen, dass sie sich locker an den Händen fassen können.

■ Lied:

Wir preisen deinen Tod *(vgl. TG 96)*

Wir preisen deinen Tod.
   Den Oberkörper nach vorne beugen und die Hände auf die Knie legen.

Wir glauben, dass du lebst.
   Mit dem rechten Fuß einen kleinen Schritt nach vorne gehen, den Oberkörper aufrichten, dabei die Arme leicht gebeugt und mit Kraft nach vorne nehmen und auf den Altar hinweisen.

Wir hoffen, dass du kommst
   Position beibehalten, zusätzlich rechte Hand ans Herz legen.

zum Heil der Welt.
   Gewicht auf den linken (hinteren) Fuß verlagern. Die Kinder fassen sich an den Händen, diese bleiben unten.

Komm, o Herr,

Gewicht auf den rechten (vorderen) Fuß verlagern, die Kinder fassen sich weiter an den Händen und nehmen diese nach vorne zum Altar hin.

Bleib bei uns.

Gewicht auf den linken (hinteren) Fuß verlagern. Die Kinder fassen sich weiterhin an den Händen und nehmen diese wieder nach unten.

Komm, o Herr, Leben der Welt.

Der linke (hintere) Fuß wird zum rechten (vorderen) beigestellt, die Kinder lassen die Hände ihrer Nachbarn los und führen sie in einer offenen Geste zum Altar.

45. Nimm, o Gott

Gabenprozession

Termin:	häufig möglich; z. B. Vorbereitung auf die Erstkommunion
Methode:	Tanz
Material:	– zwei braune Tücher (40 cm × 350 cm; die Farbe der Tücher kann auch dem Kirchenjahr angepasst werden) – »Knicklichter« werden gekauft. Wenn man die Stäbchen knickt, beginnen sie zu leuchten.

■ Gestaltung

Die Stufen vom Altar herunter und in den Kirchenraum hinein wird aus den Tüchern ein gleichschenkliges Kreuz gelegt. Vor dem Altar liegen zwei Ringe aus den Knicklichtern (Vor dem Gottesdienst die Stäbchen zum Leuchten bringen und zu einem Ring zusammenstecken, sodass sie Kindern als Kranz auf den Kopf gelegt werden können). Zur zweiten Strophe sollten Brot und Wein auf dem Altar stehen.

Die Kinder stehen rechts und links vom Altar in einer Reihe. Vor jeder Strophe treten jeweils ein Kind von der rechten und der linken Reihe vor den Altar, dabei stehen sie leicht schräg zum Altar, so dass sowohl die Kinder als auch die Gemeinde die Gesten sehen können. Die Gemeinde wartet mit dem Beginn einer neuen Strophe, bis die beiden Kinder vor dem Altar stehen!

▪ Lied:

Nimm, o Gott, die Gaben, die wir bringen (GL 188)

▪ Hinführung:

Die Kinder werden zu den vier Strophen des Liedes tanzen. Die erste Strophe drückt das Darbringen der Gaben aus. Die zweite Strophe thematisiert die Kreuzeshingabe des Sohnes, die dritte Strophe bittet um eine neues, gewandeltes Leben im Heiligen Geist und die letzte Strophe spricht von der Gemeinschaft der Kirche, die durch die Eucharistie gestiftet wird.

Strophe 1:
Nimm, o Gott, die Gaben, die wir bringen. Nimm uns selber an mit Brot und Wein.
Die Hände vor dem Körper zu einer Schale formen, die »Schale« zum Altar führen und langsam vergrößern, dabei gehen die Hände auseinander.

Alles Mühen, Scheitern und Gelingen wollen wir vertrauend dir, unserm Vater, weihn.
Die Kinder gehen zum Kreuz und stellen sich zum Altar blickend auf dem oberen Längsbalken des Kreuzes aus Tüchern. Die Arme werden über der Brust gekreuzt, indem die Hände jeweils die Schultern berühren.

Strophe 2:
Jesus hat sich für uns hingegeben, durch die Zeit bewahrt in Brot und Wein.
Mit beiden Armen auf das Kreuz über dem Altar zeigen und langsam herunterführen und auf Brot und Wein auf dem Altar zeigen.

Nimm als Lob und Dank auch unser Leben, schließ uns in die Hingabe deines Sohnes ein.
Die Kinder gehen zum Kreuz und stellen sich zum Altar blickend auf den unteren Längsbalken, die Arme werden seitlich ausgestreckt.

Strophe 3:
Nimm uns an, sei du in unsrer Mitte, wandle unser Herz wie Brot und Wein.
  Nacheinander nehmen sich die Kinder jeweils einen Ring aus Knicklichtern vor dem Altar und legen ihn auf den Kopf des anderen Kindes.

Sei uns nah und höre unsre Bitte, neu und ganz geheiligt von deinem Geist zu sein.
  Die Kinder gehen zum Kreuz und stellen sich zum Altar blickend rechts und links auf den Querbalken, die rechte Hand wird auf das Herz gelegt.

Strophe 4:
Wie die vielen Körner und die Trauben, eins geworden nun als Brot und Wein,
  Die Kinder legen einander die Hände auf die Schultern (oder fassen sich an den Händen).

Lass uns alle, die wir an dich glauben, eine Opfergabe als deine Kirche sein.
  Die Kinder gehen jeweils eines rechts und eines links zu den übrigen am Altar stehenden Kindern, die Kinder fassen sich an den Händen und alle zusammen gehen dann zum Kreuz, wo sie mit den Kindern, die am Kreuz stehen, einen Kreis um das Kreuz bilden, dabei fassen sich alle an den Händen.

46. Herr, wir bringen in Brot und Wein

Gabenprozession

Termin: häufig möglich, z. B. Vorbereitung auf die Erstkommunion
Methode: Tanz

Gestaltung

Hinführung:

Das Lied, das wir nun singen werden und zu dem die Kinder tanzen, spricht von unserer begrenzten Weltsicht. Wir treten vor Gott und er weitet unseren Blick.

In der ersten Strophe preisen wir die Größe Gottes und die Größe seiner Schöpfung. Die zweite Strophe besingt die durch die Eucharistie ermöglichte innige Beziehung zwischen Gott und Mensch. Und in der dritten Strophe geben wir weiter, was wir von Gott geschenkt bekommen haben.

Die Kinder stellen sich in einem möglichst weiten Kreis um den Altar auf, sodass sie mindestens vier (kleine) Schritte nach vorne gehen können.

▪ Lied:

Herr, wir bringen in Brot und Wein *(GL 184)*

Refrain:
Herr, wir bringen in Brot und Wein
   Die Hände werden in Bauchhöhe um eine kleine imaginäre »Weltkugel« gelegt, rechte Hand oben, linke Hand unten.

unsere Welt zu dir.
   Die Kinder gehen einen Schritt nach vorne.

Du schenkst uns deine Gegenwart im österlichen Mahl.
   Die rechte Hand so weit wie möglich nach oben, die linke so weit wie möglich nach unten führen.

Strophe 1:
Groß ist der Herr, wir wollen ihn preisen.
   Rechte Hand nach oben hin öffnen, linke Hand entspannen.

Sein ist die Erde und was auf ihr lebt.
   Mit der hochgehaltenen rechten Hand ein bis zwei waagerechte Kreise beschreiben.

Seine Geschenke sind unsere Gaben.
   Rechte und linke Hand auf Augenhöhe zusammenführen und eine Kugel bildend zusammenlegen.

Strophe 2:
Unsere Hände und Becher sind leer.
   Arme in Bauchhöhe nach vorne strecken, die leeren geöffneten Handflächen zeigen.

Mit Brot und Wein füllt sie der Herr.

Die rechte Hand in einem großen Bogen nach oben führen und von oben kommend in Brusthöhe auf die linke Hand eine kleine Kugel bildend legen.

Denn er ist Gabe und Geber zugleich.

Die zusammengelegten Hände in einer innigen Geste (Hände an Herz oder Wange legen) an den Körper nehmen.

Strophe 3:
Was er uns gibt, das gibt er für alle,

Rechten und linken Arm in Brusthöhe langsam seitlich ausstrecken, dabei überlappen sich die Arme der Nachbarn.

damit wir es teilen mit allen Menschen.

Die Kinder nehmen die Arme an den Körper und drehen sich zur Gemeinde um, dabei werden die Arme ein wenig nach oben genommen, so dass sie zur Gemeinde weisen.

So sind wir Freunde an seinem Tisch.

Die Kinder nehmen die Arme wieder an den Körper, drehen sich zum Altar um und fassen sich an den Händen.

47. Verwandle, was wir bringen

Gabenprozession

Termin:	häufig möglich, z. B. Vorbereitung auf die Erstkommunion
Methode:	Gebet, Prozession und Veranschaulichung mit Symbolen
Materialien:	– eine Schnittblume – einen größeren Stein – ein Kreuz – ein Herz (z. B. aus roten Tonkarton) – ein kleiner Tisch mit Tischdecke, Gebets-Zettel – ein Mikrofon

▪ Gestaltung

Den Tisch in den Mittelgang der Kirche stellen, darauf werden die Blume, der Stein, das Herz und das Kreuz gelegt. Die Hostienschale und Wein- und Wasserkännchen auch auf den Tisch stellen. Die Kinder bekommen ihre Gebetszettel.
Zur Gabenbereitung bringt Kind 1 die Hostienschale, Kind 2 den Stein und Kind 3 die Blume zum Altar. Die Kinder gehen zunächst zu einem bereitstehenden Mikrofon, wo sie ihr Gebet sprechen und ihre Gabe der Gemeinde zeigen, anschließend übergeben sie die Hostienschale bzw. legen Stein und Blume vor den Altar.

Kind 1:
Großer Gott, mit dem Brot, das ich zum Altar bringe, komme ich selbst zu dir.

Kind 2:
Gütiger Gott, ich bringe dir mein Scheitern alles, was ich an Gutem tun wollte und was nicht geklappt hat.

Kind 3:
Lieber Gott, ich bringe dir alles, was ich an Gutem in meinem Leben tun konnte, ich weiß, dass du mir dabei geholfen hast.

In einem zweiten Schritt bringen Kind 4 das Wein- und Wasserkännchen, Kind 5 das Kreuz und Kind 6 das Herz zum Altar. Die Kinder gehen zunächst zum Mikrofon, wo sie ihr Gebet sprechen und ihre Gabe der Gemeinde zeigen, dann übergeben sie Wein und Wasser, bzw. legen Kreuz und Herz vor den Altar.

Kind 4:
Großer Gott, Wasser und Wein, die ich zum Altar bringe, zeigen mir deine Liebe und Treue zu den Menschen.

Kind 5:
Barmherziger Gott, ich bringe dir meine Schuld – das Böse, dass ich absichtlich getan habe. Und ich bitte dich um Vergebung.

Kind 6:
Guter Gott, ich bringe dir meine Liebe – meine Liebe zur dir und zu den Menschen. Und ich danke dir für die Liebe, die mir geschenkt wird.

48. Teilen und Helfen
Kollekte

Termin:	z. B. 2. Sonntag der Osterzeit im Lesejahr A (Apg 2, 42–47), 5. Sonntag der Osterzeit im Lesejahr A (Apg 6, 1–7), 13. Sonntag im Jahreskreis im Lesejahr B (2 Kor 8, 7.9.13–15: Kollekte), 2. Sonntag der Osterzeit im Lesejahr B (Apg 4, 32–35), Gedenktage des heiligen Martin von Tours (11.11.) und der heiligen Elisabeth von Thüringen (19.11.), Erntedankfest
Methode:	Sachspenden sammeln
Material	Körbe verschiedener Größen zum Einsammeln der Kollekte
Alter:	für Kita-Alter möglich

Werden in der Kollekte Sachspenden gesammelt, erleben die Kinder anschaulich, dass in der Gemeinde (der Stadt/dem Dorf) die Menschen füreinander einstehen und miteinander teilen, damit alle das haben, was sie zum Leben brauchen.

Solche Spendenaktionen brauchen einen längern Vorlauf und auch engagierte Gemeindemitglieder. Es ist daher sinnvoll, die in der Gemeinde ohnehin laufenden sozialen Projekte auf diese Weise zu unterstützen. Die Sammlung muss mindestens zwei Wochen vor dem Gottesdienst angekündigt werden. Unten werden nur einige Ideen vorgestellt.
Postkarten-Spenden für Seniorenheime (s. u.) können dagegen sehr unkompliziert auch als einmaliges Projekt durchgeführt werden.

Bei größeren oder sehr vielen Sachspenden (z. B. Kleidung, Essen) ist es zweckmäßig, diese vor dem Gottesdienst in einem separaten Raum der Kirche zu sammeln und für die Kollekte nur eine Kleinigkeit mit in den Kirchenraum zu nehmen.

Die Kinder übernehmen die Aufgabe, die Kollekte einzusammeln. Sie können dabei wie gewohnt kleine Körbe durch die Bankreihen reichen und anschließend zum Altar bringen.
Besonders bei größeren und schwereren Spenden empfiehlt sich ein Opfergang,

bei dem die Spenden von den Gottesdienstteilnehmern zu den größeren Körben vor den Altar gebracht werden. Die Kinder nehmen die Spenden entgegen und legen sie in die Körbe.

Vielleicht ist es auch möglich, zumindest einige Kinder und deren Eltern dafür zu gewinnen, die gesammelten Spenden nach dem Gottesdienst oder in der darauffolgenden Woche zu den Bedürftigen selbst (z. B. Seniorenheim) oder zu den gemeindeeigenen Verteilungsstellen (z. B. Kleiderkammer) zu bringen.

Während der Kollekte können folgende Lieder gesungen werden:
Wenn das Brot, das wir teilen als Rose blüht *(GL 470)*
Wenn wir das Leben teilen *(GL 474)*
Selig seid ihr *(GL 459)*
Brot, das die Hoffnung nährt *(GL 378)*
Lass uns in deinem Namen, Herr *(GL 446)*
Suchen und fragen *(GL 457)*

Die Kinder können die Kollekte der kirchlichen Hilfswerke einsammeln, besonders, wenn sie – wie bei der Sternsingeraktion oder der Misereor-Kinder-Fastenaktion – für Kinderprojekte ist.
- Adveniat (Weihnachten)
- Sternsinger-Aktion (Weihnachtszeit)
- Misereor (Fastenzeit)
- Renovabis (Pfingsten)
- Missio (Oktober)

Sammlung für Bedürftige in der Gemeinde, der Stadt oder dem Dorf oder aber aktuell für Flüchtlinge:
- Essensspenden (haltbare oder konservierte Lebensmittel)
- Kleiderspenden (gebrauchte, sehr gut erhaltene Kleidung, gewaschen und gebügelt)

Sammlung für bedürftige Kinder in der Gemeinde, der Stadt oder dem Dorf:
- Schulsachen (gekaufte oder sehr gut erhaltene Schulsachen, Ausrüstung für Erstklässler)
- Zu Beginn der Adventszeit können Weihnachtsgeschenke für Kinder gesammelt werden. Die Geschenke werden in Geschenkpapier verpackt und

mit Zetteln, auf denen »Junge 8–10 Jahre« oder »Mädchen 3–4« Jahre steht, versehen, damit die beschenkten Kinder etwas Passendens bekommen.

Sammlung für Seniorenheime, alleinstehende alte u. einsame Menschen:
- Selbstgestaltete oder gekaufte Postkarten mit lieben Grüßen, einem Bibelvers oder Segenswunsch
- Kleine Blumensträußchen

49. Siehe, dein König kommt
Sanctus

Termin:	z. B. 14. Sonntag im Jahreskreis im Lesejahr A (Sach 9, 9–10: Dein König kommt), 5. Sonntag im Jahreskreis im Lesejahr C (Jes 6, 1–2a.3–6), Palmsonntag, Gottesdienste zum Thema »Lobpreis«
Methode:	mit Gesten
Materialien:	– grüne Zweige (z. B. Buchsbaum, Länge ca. 25 cm) in Anzahl der zu erwartenden Kinder – einige feuerfeste Schalen, in die ein Stück glühende Kohle gelegt werden kann, ohne dass die Schalen zu heiß werden, um sie anzufassen – Weihrauch

▪ Gestaltung

Die Kinder versammeln sich in einem Halbkreis vor oder um den Altar. Einige Kinder tragen in ihren Händen die Schalen mit der glühenden Kohle, auf die Weihrauchkörnchen gelegt werden. Die anderen Kinder halten grüne Zweige in den Händen. Die Kinder mit den Schalen stehen gleichmäßig verteilt zwischen den Kindern mit den Zweigen.
Das Sanctus wird langsam gesprochen, kleine Pausen zwischen den »Heilig« lassen (GL 588, 4).

Heilig, heilig, heilig,
Bei jedem »Heilig« heben die Kinder die Zweige und die Schalen in die Höhe. Durch den Luftzug steigt Weihrauch auf.

Gott, Herr aller Mächte und Gewalten,
erfüllt sind Himmel und Erde von deiner Herrlichkeit.
Hosanna in der Höhe.
Bei »Hosanna« heben die Kinder die Zweige und die Schalen in die Höhe. Durch den Luftzug steigt Weihrauch auf.

Hochgelobt sei, der da kommt im Namen des Herrn.
Hosanna in der Höhe.
Bei »Hosanna« heben die Kinder die Zweige und die Schalen in die Höhe. Durch den Luftzug steigt Weihrauch auf.

Vor der Wandlung stellen die Kinder die Weihrauchschalen vor den Altar und legen die Zweige dazu. Der Weihrauch steigt weiter nach oben auf. Die Kinder gehen zurück auf ihre Plätze in die Kirchenbank, wo sie sich hinknien.

■ Alternativ:

Das Heben der Schalen und Zweige kann natürlich auch zu jeden Sanctus-Lied aus dem Gotteslob erfolgen. Das Lied sollte dann nicht zu schnell gesungen bzw. wiederholt werden.

50. Heilig, heilig, lasst uns singen
Sanctus

Termin:	häufig möglich, z. B. Dreifaltigkeitssonntag
Methode:	Tanz
Materialien:	– für jedes Kind zwei kleine, hell und zart klingende Glöckchen

Gestaltung

Hinführung:

Das Sanctus beten wir gewöhnlich in den Kirchenbänken kniend. Heute wollen wir alle stehen. Wir stehen ehrfürchtig vor Gott und staunen über seine Größe und Erhabenheit. Zusammen mit den Engeln singen wir das »Heilig, heilig, heilig«, so wie es der Prophet Jesaja dank einer Vision beschreibt (Jes 6,1–4).
Die Kinder tanzen dazu: Sie strecken sich einerseits nach dem Himmel aus und beugen andererseits in Ehrfurcht vor Gott die Knie. Das »Hosianna« ist nicht nur ein Jubelruf wie bei der Begrüßung Jesu am Palmsonntag, sondern auch ein Bittruf »Hilf doch«.

Zunächst wird das Lied von der ganzen Gemeinde einmal gesungen, dann wiederholt gesungen und dazu getanzt.

Lied:

Heilig, heilig, lasst uns singen
T/M: Heinz Martin Lonquich, © Carus-Verlag, Stuttgart

Die Kinder stehen im Kreis um den Altar.

Heilig, Heilig, …
Beide Arme leicht gebeugt nach vorne, oben strecken. Bei jedem »Heilig« einmal auf die Zehenspritzen gehen.

… lasst uns singen!
Hände auf Brusthöhe, die Glöckchen klingen lassen.

Heilig …
Beide Arme leicht gebeugt nach vorne, oben strecken. Beim »Heilig« auf die Zehenspritzen gehen.

… bist du, Herr und Gott.
Eine einfache Kniebeuge machen (einheitlich: linkes Knie bis zum Boden beugen) und den Oberkörper verneigen.

Erd und Himmel …
Die rechte Hand flach auf den Boden auflegen, anschließend nach oben strecken und dabei aufstehen.

… sollen klingen.
Hände auf Brusthöhe, die Glöckchen klingen lassen.

Vater, dir sei Dank und Lob.
Eine einfache Kniebeuge machen und die Glöckchen vor sich auf den Boden legen, anschließend die Hände nach vorne, oben öffnen.

Preis sei ihm, dem großen König, der da kommt in Herrlichkeit.
Eine La-Ola-Welle machen und dabei aufstehen. So lange mit der La-Ola-Welle fortfahren, bis die Liedzeile zu Ende ist.

Hosianna, hosianna!
Mit dem rechten Fuß einen Schritt weit nach vorne gehen und den rechten Arm vorstrecken Richtung Altar, die linke Hand leicht mitnehmen.

Hochgelobt in Ewigkeit.
Mit dem linken Bein aufschließen, den linken Arm jetzt nach außen strecken, Richtung Gemeinde, dabei den Oberkörper um etwa 90 Grad drehen.

51. So sollt ihr beten

Vaterunser

Termin:	häufig möglich, Gottesdienst zum Thema »Gott ist ein treu sorgender Vater«
Methode:	Tanz

■ Gestaltung

■ Hinführung:

Jesus hat das Vaterunser gebetet. An zwei Stellen finden wir das Gebet in der Bibel: bei Matthäus und bei Lukas (Mt 6, 9–13; Lk 11, 2–4).
Das Gebet beinhaltet sehr verschiedene Bitten, die tiefe menschliche Sehnsüchte ansprechen:
Gott sorgt für uns wie ein liebender Vater. Das bildet das Fundament unseres ganzen Lebens. Deshalb können, dürfen, ja sollen wir Gott um alles bitten, was wir brauchen. Es sind sieben Bitten. Die Sieben ist die Zahl der Vollkommenheit. Alle anderen Bitten können wir in diese sieben Bitten mit hineinlegen. In den ersten drei Bitten des Vaterunsers verehren wir Gott. Wir ehren seinen göttlichen Namen, bitten um den Anbruch seines Reiches auf Erden und um die Erfüllung seines göttlichen Willens. In der mittleren, vierten Bitte, der Brot-Bitte, erbitten wir von Gott alles, was wir für unser leibliches und geistliches Wohl brauchen. Diese Bitte ist wie ein Scharnier zwischen himmlischen und irdischen Bitten. Die letzten drei Bitten richten sich auf das Gelingen menschlichen Zusammenlebens. Wir bitten, dass Gott uns unsere Schuld vergibt. Wir bitten Gott, dass wir die Kraft haben, unserem Nächsten zu vergeben, wenn er an uns schuldig geworden ist. Und wenn wir in Versuchung geraten, möge er uns daraus befreien. Unsere Bitten an Gott, unseren Vater, – diese tiefen menschlichen Sehnsüchte werden im folgenden Vaterunser-Tanz der Kinder mit entsprechenden emotionalen Gesten ausgedrückt.

■ Lied:

Vater unser – Calypso (TG 255)

Das Lied eventuell erst einmal gemeinsam singen. Dann die Gemeinde bitten, den Tanz der Kinder mit kräftigem Gesang zu unterstützen und erklären, dass der Abschnitt »geheiligt werde dein Name« immer zu wiederholen ist.
Ausgangsposition: Die Kinder stehen im Kreis, die Hände in Bauchhöhe zusammengelegt.

Vater unser, der du bist im Himmel ...
    Die Arme mit nach vorne geöffneten Händen strecken sich nach oben.

... geheiligt werde dein Name.
    In die Hände klatschen.

Dein Reich komme, dein Wille geschehe ...
    Eine Hand wird nach oben ausgestreckt, dann schwungvoll an die Brust herangezogen.

... geheiligt werde dein Name.
    In die Hände klatschen.

Wie im Himmel, also auch auf Erden ...
    Die Arme gehen nach oben und beschreiben dann einen großen Bogen nach außen-unten.

... geheiligt werde dein Name.
    In die Hände klatschen.

Unser täglich Brot, Herr, gib uns heute ...
    Die Hände zu einer Schüssel formen und eng an die Brust halten, dann eine Hand zum Mund führen (Essbewegung).

... geheiligt werde dein Name.
    In die Hände klatschen.

Und vergib uns all unsre Schulden ...
    Der Kopf neigt sich leicht nach unten, die Hände legen sich mit gespreizten Fingern in Herzhöhe auf die Brust.

... geheiligt werde dein Name.
    In die Hände klatschen.

Wie auch wir vergeben unsern Schuldigern ...

Die rechte Hand klopft in Herzhöhe auf die Brust, die linke Hand wird über die linke Schulter »geworfen«.

… geheiligt werde dein Name.
In die Hände klatschen.

Und führe uns, Herr, nicht in Versuchung …
Die linke Hand streicht von oben nach vorne über den leicht geneigten Kopf, die rechte streckt sich mit geöffneter Hand etwas nach vorne.

… geheiligt werde dein Name.
In die Hände klatschen.

Sondern erlöse uns von dem Bösen …
Die Hände liegen auf der Brust in Herzhöhe und werden zügig nach außen geführt.

… geheiligt werde dein Name.
In die Hände klatschen.

Denn dein ist das Reich und die Kraft …
Linker Arm zeigt mit zur Faust geballter Hand seine Muskeln, rechte Hand klopft auf den linken Arm.

… geheiligt werde dein Name.
In die Hände klatschen.

Und die Herrlichkeit in Ewigkeit. Amen.
Arme nach oben ausstrecken und Daumen hoch.

… geheiligt werde dein Name.
In die Hände klatschen.

Alternative:

Lied:

Vater unser (Janssens 1, TG 257)

Das Lied wird ohne Wiederholung gesungen. Der Lobpreis am Ende kann beliebig oft wiederholt werden.

Ausgangsposition: Die Kinder knien sich, auf ihren Fersen sitzend, in einen Kreis; Oberkörper, Schultern, Arme und Kopf sind nach vorne gebeugt. Die Haltung ist in-sich-gekehrt.

Vater unser im Himmel, geheiligt werde dein Name.
Die Kinder richten sich langsam auf und schauen erwartend nach oben.

Dein Reich komme, dein Wille geschehe wie im Himmel so auf Erden.
Die Kinder richten den Oberkörper weiter auf und strecken die Arme nach oben – wie ein kleines Kind, das auf den Arm eines Elternteils genommen werden möchte.

Unser tägliches Brot gib uns heute.
Die Kinder heben das Gesäß an und knien jetzt aufrecht, die Arme rechtwinklig gebeugt, seitlich nach oben haltend (»Muskeln zeigen«) – Kraft ausdrückend.

Und vergib uns unsere Schuld, wie auch wir vergeben unseren Schuldigern.
Die Kinder stehen schwungvoll auf mit Unterstützung der Arme (weit ausholende Bewegung von unten nach oben), evtl. sogar einmal springen – befreiend.

Und führe uns nicht in Versuchung, sondern erlöse uns von dem Bösen.
Die Kinder gehen, beide Füße bewegend, einen Schritt zurück und öffnen die Arme seitlich – Weite, Befreiung darstellend.

Dein ist das Reich und die Kraft und die Herrlichkeit in Ewigkeit. Amen.
Jedes zweite Kind geht rechts im Kreis herum, die anderen Kinder links. Dabei gehen sie im Wechsel innen oder außen an dem entgegenkommenden Kind vorbei. Wenn die Kinder sich begegnen klatschen sie die erhobene rechte oder linke Hand aneinander (»abklatschen«) – Begeisterung, Fröhlichkeit ausdrückend.

Der Lobpreis kann beliebig oft wiederholt werden. Um das Ende deutlich zu machen, werden beim »Amen« beide Hände an den eigenen Hüften abgeschlagen, und die Kinder bleiben locker und gelöst stehen.
Die Kinder bringen den Friedensgruß in die Gemeinde, möglichst auch in den hinteren Reihen.

52. Vater im Himmel

Vaterunser

Termin:	z. B. 17. Sonntag im Jahreskreis im Lesejahr C (Lk 11,1–13: Vaterunser)
Methode:	Bodenbild mit Legematerialien gestalten
Materialien:	– blaues und grünes Tuch (je 2 m × 3 m) – hellblaues und braunes Tuch (20 cm × 120 cm) – Schild mit dem Gottesnamen »Ich bin da« – 1 Krone (∅ 50–70 cm) – 2 Menschen aus Tonkarton, die deutlich sichtbar ein Herz auf der Brust haben (Größe 50–70 cm) – 2 rote Tücher (20 cm × 120 cm) – 8 oder 12 gelbe oder goldene Tücher (20 cm × 40 cm) – Brot und Wasserkanne

Gestaltung

Hinführung:

Im Vaterunser reden wir Gott als unseren Vater im Himmel an und sagen damit: Gott ist der Schöpfer des Himmels und der Erde *und* er ist für uns wie ein guter Vater. In diesem Gebet bitten wir Gott darum, seine Macht und seine Güte in unserem Leben zu erfahren.

Zuerst bitten wir, dass Gott sich mächtig erweisen möge:
– Seinem Namen möge Ehre erwiesen werden.
– Seine Herrschaft möge auf Erden für uns spürbar sein.
– Sein Wille möge sich durchsetzen – im Himmel und auf Erden.

Dann bitten wir:
– Gott möge uns als Schöpfer und Vater alles geben, was wir Menschen zum Leben brauchen.

In der zweiten Hälfte bitten wir, dass Gott sich gütig erweisen möge:
– Er möge uns unsere Schuld vergeben. – Er möge uns auch die Kraft schenken, denen zu vergeben, die uns gegenüber schuldig geworden sind.
– Er möge uns schützen, wenn wir in Versuchung geraten.

– Er möge uns vor dem Bösen bewahren.

Wir beenden das Gebet mit einem Lobpreis: Denn dein ist das Reich und die Kraft und die Herrlichkeit in Ewigkeit.

Die Vaterunserbitten langsam beten und Schritt für Schritt das Bild auf dem Boden vor dem Altarbereich legen (auch auf den Altarstufen möglich, um bessere Sichtbarkeit für alle Gemeindemitglieder zu ermöglichen).

Vater unser im Himmel, …
   Blaues Tuch auf den Boden legen.

geheiligt werde dein Name.
   Schild mit Namen »Ich bin da« auf das blaue Tuch legen.

Dein Reich komme.
   Krone auf das blaue Tuch legen.

Dein Wille geschehe, …
   Das grüne Tuch unter das blaue Tuch auf den Boden legen.

wie im Himmel so auf Erden.
   Hellblaues und braunes Tuch zwischen blaues und grünes Tuch legen.

Unser täglich Brot gib uns heute.
   Brot und Wasserkanne links auf das grüne Tuch legen bzw. stellen.

Und vergib uns unsere Schuld, …
   Tonpapierfigur rechts auf das grüne Tuch legen.

wie auch wir vergeben unseren Schuldigern.
   Zweite Tonpapierfigur rechts auf das grüne Tuch legen. Beide Männchen halten sich jetzt an der Hand.

Und führe uns nicht in Versuchung, …
   Mit einem roten Tuch um das linke Männchen eine linke Herzhälfte legen.

sondern erlöse uns von dem Bösen.
   Mit einem roten Tuch um das rechte Männchen eine rechte Herzhälfte legen, die beiden Männchen sind jetzt von einem Herz aus roten Tuch umgeben.

Denn dein ist das Reich und die Kraft und die Herrlichkeit in Ewigkeit. Amen.
   Aus gelbem oder goldfarbenen Tuch kreisförmig Strahlen um das Bild auf dem Boden legen.

53. Jesus lehrt uns beten

Vaterunser

Termin:	17. Sonntag im Jahreskreis im Lesejahr C (Lk 11,1–13: Vaterunser)
Methode:	Gebet mit Gesten
Materialien:	– Beamer und Projektionswand oder Ausdrucke siehe Kopiervorlage auf der CD-ROM
Alter:	ohne die Erklärungen auch für Kita-Alter, Gesten mithilfe der Bilder besprechen und einüben

Gestaltung

Hinführung:

Das Vaterunser ist die Entfaltung der Bitte, das Reich Gottes möge immer mehr Gestalt annehmen auf der Erde. Deshalb beten wir:

Neun Kinder von 10–12 Jahren können die Erklärungen lesen:

Kind 1:
Vater unser im Himmel: Gott ist für uns wie ein Vater, der seine Kinder sehr lieb hat. Wir sehen und hören ihn nicht, aber wir wissen: Er ist da und sorgt für uns!

Kind 2:
Geheiligt werde dein Name: Ich bin (für euch) da. Das ist auch der Name Gottes im Alten Testament. So wie der Himmel uns umgibt, so umgibt uns Gott. So groß wie der Himmel ist, so groß ist Gott. Das drückt sein Name aus.

Kind 3:
Dein Reich komme: In unserer Welt erleben wir Menschen, die lachen, und Menschen, die weinen. Wir erleben Menschen, die lieb sind, und solche, die böse sind. Wir werden als Menschen zwar immer wieder schuldig. Wir werden

nicht immer nur lachen. Aber wenn das Reich Gottes anbricht, braucht keiner mehr Angst zu haben und keiner immer nur zu weinen.

Kind 4:
Dein Wille geschehe, wie im Himmel so auf Erden: Wenn wir auf Gott hören, wenn wir tun, was er uns sagt – zum Beispiel durch Worte der Bibel –, dann wird alles gut. Dann geschieht Gottes Wille, dann wird das Reich Gottes nicht nur im Himmel Wirklichkeit, sondern auch schon hier auf der Erde bei uns. Dazu brauchen wir immer wieder Gottes Hilfe.

Kind 5:
Unser tägliches Brot gib uns heute: Den meisten Menschen in unserem Land geht es gut, sie haben zu essen und zu trinken, ein Haus oder eine Wohnung, genug anzuziehen. Aber es gibt auch Menschen, die das nicht haben, in unserem Land und in der ganzen Welt. Wir bitten, dass alle Menschen haben, was sie zum Leben brauchen.

Kind 6:
Und vergib uns unsere Schuld: Wir tun anderen Menschen weh, wir lügen und vielleicht haben wir auch schon einmal etwas gestohlen. Gott möchte uns verzeihen. Deshalb kommen wir zu ihm und bitten: Vergib uns unsere Schuld. Befreie uns davon.

Kind 7:
Wie auch wir vergeben unseren Schuldigern: Gott verzeiht uns, wir können frei sein. Damit das Reich Gottes hier bei uns wachsen kann, müssen wir den Menschen vergeben, die uns verletzt oder betrogen haben.

Kind 8:
Und führe uns nicht in Versuchung: Viele Dinge lenken uns von Gott ab oder flüstern uns ein, das es schön ist, etwas Böses zu tun. Zum Beispiel wenn wir jemanden schlecht machen, um selbst besser dazustehen. Wir brauchen Gottes Hilfe, damit wir stark genug sind, diesen Versuchungen zu widerstehen.

Kind 9:
Sondern erlöse uns von dem Bösen: Wir leben in einer Welt, zu der Gewalt, Lügen und Streit gehören. Wir lassen unser Verhalten davon bestimmen. Zum

Beispiel wenn einer uns belügt, dann lügen auch wir. Wir bitten Gott, diesen Kreislauf zu durchbrechen und uns die Kraft zu geben, z.B. die Wahrheit zu sagen, auch wenn andere uns belügen.

Kind 10:
Denn dein ist das Reich und die Kraft und die Herrlichkeit in Ewigkeit: Wir preisen Gott, denn sein Reich ist wirklich schön. Gott hat die Kraft, diese Welt zu verändern. Gottes Herrlichkeit wird sichtbar, wenn es allen Menschen gut geht: Gott ist unser König.
Und zum Schluss sagen wir Amen. Das bedeutet: Ja, so ist es!

Das Vaterunser kann mit folgenden Gesten gebetet werden, dazu können die Bilder gezeigt werden. Die Kinder stehen in einem Kreis um den Altar. Jetzt sind Kinder im Kita-Alter beteiligt.

Vater unser im Himmel, …
   Beide Arme nach oben strecken.

geheiligt werde dein Name.
   Die Arme von links nach rechts wiegen.

... dein Reich komme, ...
  Mit nach oben gestreckten Armen an den Händen fassen und so eine »Krone« bilden.

dein Wille geschehe, wie im Himmel so auf Erden.
  Einen Arm nach oben und einen nach unten strecken.

Unser täglich Brot gib uns heute …
   Mit den Händen eine Schale vor dem Oberkörper bilden.

und vergib uns unsere Schuld, …
   Die Hände vor dem Oberkörper falten.

… wie auch wir vergeben unseren Schuldigern.
Alle fassen sich an den Händen und schütteln sie.

Und führe uns nicht in Versuchung, …
Hände und Arme abwehrend vor dem Oberkörper ausstrecken.

… sondern erlöse uns von dem Bösen.
Beide Arme nach oben strecken.

Denn dein ist das Reich und die Kraft und die Herrlichkeit in Ewigkeit.
Mit nach oben gestreckten Armen an den Händen fassen und so eine »Krone« bilden.

Amen.

Die Hände sinken lassen und weiterhin festhalten, mit dem Oberkörper verbeugen.

54. Wünsche aus der Bibel

Friedensgruß

Termin:	häufig möglich
Methode:	Give-away
Materialien:	– Schnittblumen und Zettel mit Bibelzitaten in Anzahl der zu erwartenden Gottesdienstbesucher (bzw. für einen Teil stellvertretend)
	– Wollfaden oder Geschenkband, Locher, große Blumenvasen

Die Bibelsprüche werden auf kleine Zettel kopiert oder geschrieben (auch von den Kindern), gelocht und mit einem Wollfaden oder Geschenkband an die Blume gebunden.

Die Blumen mit den Zetteln werden in eine oder mehrere große Blumenvasen vor den Altar gestellt.

Die Kinder versammeln sich zum Friedensgruß um den Altar. Nach den Worten zum Friedensgruß erhält jedes Kind mehrere Blumen, welche es an die Gottesdienstteilnehmer verteilt.

▪ Bibelsprüche:

Selig, die Frieden Stiften, denn sie werden Söhne Gottes genannt werden (Mt 5, 9).
Wenn ihr in ein Haus kommt, dann wünscht ihm Frieden (Mt 10, 12).
Frieden hinterlasse ich euch, meinen Frieden gebe ich euch (Joh 14, 27).
Herrlichkeit, Ehre und Friede werden jedem zuteil, der das Gute tut (Röm 2, 10).
Denn er (Christus) ist unser Friede (Eph 2, 14).
Und der Gott des Friedens wird mit euch sein (Phil 4, 9).
Der Herr des Friedens aber schenke euch den Frieden zu jeder Zeit und auf jede Weise (2 Thess 3, 16).

55. Lege auf uns deinen Frieden

Friedensgruß

Termin: besonders in der Osterzeit und an Pfingsten, 6. Sonntag der Osterzeit im Lesejahr C (Joh 14, 23–29: Abschiedsrede Jesu)

Methode: Tanz

■ **Lied:**

Herr, wir bitten Komm und segne uns
T/M: Peter Strauch, © 1979 SCM Hänssler, 71087 Holzgerlingen

Alle Kinder stehen in einem zur Gemeinde geöffneten Halbkreis. Nur der Refrain wird getanzt.

Herr, wir bitten, komm und segne uns, ...
    Arme in Brusthöhe leicht gebogen nach vorne ausstrecken (»Schüssel« bilden).

lege auf uns deinen Frieden.
Hände auf die Schultern des Nachbarn legen.

Segnend halte Hände über uns, …
Mit nach oben gestreckten Armen an den Händen fassen und so kleine »Dächer« bilden.

rühr uns an mit deiner Kraft.
Hände mit Kraft schütteln.

Das Ganze vier- bis fünfmal wiederholen. Nachdem Gesang und Tanz beendet sind, können die Kinder nacheinander ihrem Nachbarn ein Kreuzzeichen auf die Stirn zeichen. Dazu sagen sie: Friede sei mit dir!

56. Herr, gib uns deinen Frieden
Friedensgruß

Termin:	besonders 6. Sonntag der Osterzeit im Lesjahr C (Joh 14, 23–29 – Abschiedsrede Jesu)
Methode:	Tanz bzw. Gesten
Alter:	besonders Kita-Alter (dann Lied nicht als Kanon)

■ Hinführung:

Der Friede Gottes ist ein Geschenk. Er kommt nur zu uns, wenn wir uns dafür öffnen. Gottes Friede ist ein tiefer, innerer Frieden, den wir selbst nicht machen können. Er verwandelt uns. Erst dann können auch wir Frieden geben. Das werden die Kinder jetzt im Tanz ausdrücken. Die Gemeinde kann sich an den Bewegungen gerne beteiligen.

■ Lied:

Herr, gib uns deinen Frieden *(TG 293)*

Die Kinder stellen sich zu zweit nebeneinander. Eins der beiden macht die Gesten zur ersten Kanonstimme, das andere zur zweiten Kanonstimme. Die zweite Kanonstimme beginnt nach der Hälfte des Liedes. Um alle Bewegungen durchzuführen wird das Lied zweimal gesungen. Danach kann es beliebig oft wiederholt werden.

Herr, gib uns deinen Frieden, gib uns deinen Frieden …
    Die Arme und Hände in einer öffnend-empfangenden Haltung nach oben nehmen wie eine Blume, die das Regenwasser sammeln möchte.

Frieden, gib uns deinen Frieden, Herr, gib uns deinen Frieden.
    Die Hände auf das Herz legen und den Kopf leicht neigen.

Herr, gib uns deinen Frieden, gib uns deinen Frieden …
    Die Arme und Hände in einer offen-gebenden Haltung nach unten wie Quellwasser, das sich vom Herzen aus verströmt.

Frieden, gib uns deinen Frieden, Herr, gib uns deinen Frieden.
    Die Hände auf das Herz legen und den Kopf leicht neigen.

57. Da berühren sich Himmel und Erde

Friedensgruß

Termin:	häufig möglich
Methode:	Tanz
Materialien:	– blaue Tücher (15 cm × 100 cm oder z. B. Jongliertücher) in Anzahl der zu erwartenden Kinder

▪ Gestaltung

Die Tücher werden in einem Halbkreis strahlenförmig vom Altar ausgehend auf den Boden gelegt. Jeweils ein Kind steht am äußeren Ende eines Tuches.

▪ Lied:

Wo Menschen sich vergessen *(GL 861)*

Strophe 1:
Wo Menschen sich vergessen, die Wege verlassen …
  Die Kinder beugen sich zum Boden und ergreifen mit der linken Hand das vor ihnen liegende Tuchende und heben das Tuch auf. (Für das ganze weitere Lied werden die Kinder das Tuchende fest mit der linken Hand umgriffen halten.) Anschließend nehmen die Kinder die Grundposition ein: Hände auf Brusthöhe und Arme leicht zur Seite.

und neu beginnen, ganz neu, …
  Jedes Kind ergreift bei seinem rechten Nachbarn mit der rechten Hand das freie Tuchende.

Refrain:
da berühren sich Himmel und Erde, dass Frieden werde unter uns, …
  Der linke Arm wird ganz nach oben gestreckt und der rechte Arm ganz nach unten. Alle Kinder zusammen bilden nun mit Armen und Tüchern eine Zick-Zack-Linie.

da berühren sich Himmel und Erde, dass Frieden werde unter uns.
  Der rechte Arm wird ganz nach oben gestreckt und der linke Arm ganz nach unten. Durch die Zick-Zack-Linie der Kinder geht ein deutlicher Schwung. Die Kinder nehmen wieder die Grundposition ein.

Strophe 2:
Wo Menschen sich verschenken, die Liebe bedenken …
  Die linke Hand wird mit dem Tuch zum Herzen geführt und wieder zurück in die Grundposition.

und neu beginnen, ganz neu, …
  Jedes Kind ergreift bei seinem rechten Nachbarn mit der rechten Hand das freie Tuchende.

Refrain: siehe oben

Strophe 3:
Wo Menschen sich verbünden, den Hass überwinden …
Die rechte Hand ergreift das freie Tuchende, linker und rechter Arm spannen das Tuch zu einer Linie vor der Brust. Alle Tücher zusammen ergeben eine durchgehende Linie, die einen Moment gehalten wird. (Möglicherweise fangen die Kinder mit den Bewegungen des Refrains etwas verspätet an.)

und neu beginnen, ganz neu, …
Jedes Kind ergreift bei seinem rechten Nachbarn mit der rechten Hand das freie Tuchende.

Refrain: siehe oben

Tipp:

Frei herabhängende Tuchenden sind für Kinder schwer zu greifen. Daher empfiehlt es sich, dass die Kinder mit der greifenden Hand zur linken Hand ihres Nachbarn gehen, ganz locker greifend am Tuch bis zum Ende entlangfahren, um das Ende dann festzuhalten. Ebenso können sie bei der 3. Strophe bei sich selbst verfahren. Nach dem Lied werden die Tücher eingesammelt und die Kinder gehen zurück auf ihre Plätze in der Kirchenbank.

58. Sprich nur ein Wort
Lamm Gottes

Termin:	z. B. 9. Sonntag im Jahreskreis im Lesejahr C (Lk 7,1–10: Bekenntnis des Hauptmanns von Karfarnaum)
Methode:	Erschließung des Gebetes

Materialien:	– eine Stellwand
	– für eine Blüte aus Tonkarton:
	    • das gelbe Innere: Kreis aus gelben Tonkarton
	       Ø 30 cm; darauf stehen die Worte: »Sprich nur ein Wort, dann muss mein Diener gesund werden.«

- zwölf Blütenblätter aus bunten Tonkarton:
  35 cm × 10 cm
- zwölf Schnittblumen (oder in Anzahl der gesprochenen Fürbitten), eine Blumenvase
- dicke Filzstifte zum Beschriften der Blütenblätter, Reißzwecken, Fürbittenzettel

Gestaltung

Die Stellwand wird gut sichtbar aufgestellt. In die Mitte wird das gelbe Innere der Blüte geheftet, die Schrift ist verdeckt. Blütenblätter und Stifte liegen bereit. Die Blumen stehen in einer Vase in der Nähe des Altars.

Liedruf:

»Du sei bei uns« (GL 182, 2) oder »Christus erhöre uns« (GL 181, 2)

Hinführung:

Wir haben gebetet: »Sprich nur ein Wort, dann wird meine Seele gesund«. Worte können eine besondere Bedeutung haben. Wenn wir Menschen z. B. »Mama« sagen, dann meinen wir damit nicht nur unsere Mutter, sondern auch unser Zuhause, Geborgenheit, Zuflucht, von jemandem geliebt und umsorgt werden, Hilfe, aber vielleicht auch Ärger, Zurechtweisung oder Verbote usw. In so einem Wort kann also ganz schön viel mitschwingen. Es gibt auch Worte, die können traurige Menschen fröhlich machen oder kranke Menschen gesund. Was können das für Worte sein?

Der Gottesdienstleiter sucht gemeinsam mit den Kindern Trost- oder Heilungsworte, z. B. «Ich bin bei dir!«; »Ich höre dir zu.« Diese Worte werden auf die Blütenblätter aufgeschrieben und um das gelbe Innere der Blüte auf die Stellwand geheftet.

In Worten kann viel Kraft stecken, besonders wenn uns der Mensch, der sie spricht, viel bedeutet, und wir glauben, dass er uns tatsächlich helfen kann. Im heutigen Evangelium haben wir gehört, wie ein römischer Hauptmann Jesus bittet, seinen Diener gesund zu machen. Er sagte zu Jesus: »Sprich nur ein Wort, dann muss mein Diener gesund werden.«

Das gelbe Innere der Blüte wird umgedreht, es sind jetzt die Worte »Sprich nur ein Wort, dann muss mein Diener gesund werden« zu lesen.

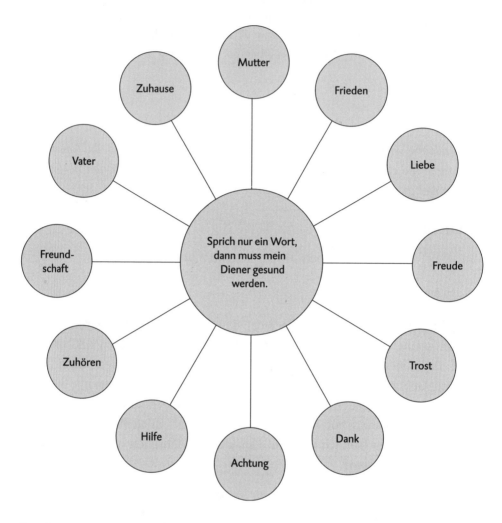

Der Römer vertraute voll uns ganz darauf, dass das, was Jesus sagt, auch passiert. Auch wir dürfen Jesus um etwas bitten, und wenn er will, dann wird es auch geschehen. Darauf dürfen wir vertrauen.

Wenn es nicht als Erklärung des »Lamm Gottes« dient, sondern als Auslegung zum Evangelium, dann folgt hier das Glaubensbekenntnis, danach die Fürbitten.

◼ Fürbitten:

Wir dürfen Jesus genauso wie der römische Hauptmann bitten, ein Wort zu sprechen, um Menschen, für die wir bitten, zu heilen oder zu trösten.

Die Kinder können nun entweder selbst mit Hilfe der »heilenden und tröstenden Worte« auf der Stellwand Fürbitten formulieren, oder die hier vorgeschlagenen vortragen. Nach jeder Fürbitte stellt das Kind, das die Fürbitte vorgetragen hat, während des Antwortgesangs eine Blume in eine Vase vor dem Altar.

- Wir bitten für unsere Kirche um Einheit.
- Wir bitten für die Völker der Erde um Frieden.
- Wir bitten für die Kranken um Heilung.
- Wir bitten für die Traurigen um deinen Trost.
- Wir bitten für die Armen um deine Hilfe.
- Wir bitten für die Kinder um liebevolle Eltern.
- Wir bitten für die Obdachlosen um ein Zuhause.
- Wir bitten für die Streitenden um Versöhnung.
- Wir bitten für die Arbeitslosen um Arbeit.
- Wir bitten für die Einsamen um deine Nähe.
- Wir bitten für die alten Menschen um Fröhlichkeit.
- Wir bitten für die Sterbenden um das Leben bei dir.

59. Gesendet und gesegnet

Einzelsegen

Termin: z.B. Fest der Heiligen Familie, Unschuldige Kinder, 27. Sonntag im Jahreskreis im Lesejahr B (Mk 10, 2–16 – Kindersegnung), 11. Sonntag im Jahreskreis im Lesejahr A (Mt 9, 36 – 10, 8), 15. Sonntag im Jahreskreis im Lesejahr B (Mk 6, 7–13), 14. Sonntag im Jahreskreis im Lesejahr C (Lk 10, 1–9)

Alter: auch Kita-Alter

Gestaltung

Die Kinder kommen zum Schluss-Segen nach vorne, wo sie vom Gottesdienstleiter einzeln gesegnet werden.
Variante 1: Die Kinder stellen sich in einem Halbkreis um den Altar und gehen nach dem Einzelsegen gemeinsam wieder auf ihre Plätze.
Variante 2: Die Kinder kommen zum Einzelsegen wie zur Kommunion nach vorne, werden gesegnet und gehen wieder in die Bank.

Der Priester kann die Kinder durch Handauflegung segnen.
Priester und Gottesdienstleiter können die Kinder durch Kreuzzeichen auf die Stirn segnen.

Zum Segen:

- N., Gott segne und beschütze dich!
- N., Gott segne und begleite dich auf deinen Wegen!
- N., Jesus ist immer bei dir, er segne dich!
- N., Jesus, der die Kinder liebt, segne dich!
- N., Jesus ist dein Freund, er segne dich!
- N., Jesus segnet dich und sendet dich aus, den Menschen Freude zu machen.
- N., Gott segnet dich und sendet dich aus, die Liebe Gottes zu den Menschen zu bringen.
- N., Jesus, der dir seinen Heiligen Geist gibt, segne dich!

Während der Segnung können folgende Lieder gesungen werden:
Ich will dir danken, weil du meinen Namen kennst (GL 433)
Bewahre uns, Gott (GL 453)
Komm, Herr, segne uns (GL 451)
Lass uns in deinem Namen, Herr (GL 446)

60. Komm Herr, segne uns

Segen

Termin: häufig möglich, Gottesdienste zu den Themen »Frieden«, »Teilen«, »Gottes Nähe«

Methode: Lied mit Gesten

■ Gestaltung

Lied:

Komm, Herr, segne uns *(GL 451)*

Die Kinder (und die Gemeinde) stehen auf ihren Plätzen in den Kirchenbänken.

Strophe 1 und 4:
Komm, Herr, segne uns, dass wir uns nicht trennen, ...
  Der linke Arm wird nach oben gehoben (so wie Kinder an der Hand eines Erwachsenen laufen), mit der rechten Hand wird ein Kreuzzeichen gemacht.

sondern überall uns zu dir bekennen.
  Der linke Arm bleibt oben, die rechte Hand wird auf das Herz gelegt.

Nie sind wir allein, stets sind wir die Deinen. Lachen oder Weinen wird gesegnet sein.
  Kinder und Gemeinde stellen sich so zueinander, dass sich alle an den Händen fassen können, was sie dann auch tun.

Strophe 2:
Keiner kann allein Segen sich bewahren.
  Der linke Arm wird nach oben gehoben. (s. o.)

Weil du reichlich gibst, müssen wir nicht sparen.
  Die rechte Hand zur linken führen, dann mit einer fließenden Bewegung den

linken Arm hinunterführen, quer über den Oberkörper und nach rechts unten strecken.

Segen kann gedeihn, wo wir alles teilen, schlimmen Schaden heilen, lieben und verzeihn.
Kinder und Gemeinde fassen sich an den Händen.

Strophe 3:

Frieden gabst du schon, Frieden muss noch werden, …
Der linke Arm wird nach oben gehoben (s. o.).

Wie du ihn versprichst uns zum Wohl auf Erden.
Die rechte Hand wie zum Friedensgruß nach vorne ausstrecken.

Hilf, dass wir ihn tun, wo wir ihn erspähen, die mit Tränen säen, werden in ihm ruhn.
Kinder und Gemeinde fassen sich an den Händen.

61. Behüte uns Gott

Segen

Termin:	häufig möglich, Gottesdienste zu den Themen »Weg«, »Bedrängnis«, »Gottes Nähe und Begleitung«
Methode:	Lied und Veranschaulichung mit Legematerialien
Materialien:	– ein erdfarbenes, ein rotes, ein schwarzes und ein hellblaues Tuch (je 50 cm × 150 cm) – eine Holzschale mit Brot und eine Glaskanne mit Wasser – zwei größere Kerzen auf einem flachen Ständer; ein helles Holzkreuz (Länge 40 cm) – eine Taube aus weißem Tonkarton (⌀ 40 cm); Streichhölzer

■ Gestaltung

▨ Lied:

Bewahre uns, Gott, behüte uns, Gott *(GL 453)*
Während das Lied gesungen wird, legen Gottesdienstleiter und Kinder das Weg-Bild auf den Boden. Das Bild kann entweder für alle sichtbar im Raum vor dem Altar gelegt werden oder auf den Mittelgang der Kirche vom Altar nach draußen.

Strophe 1:
Bewahre uns, Gott, behüte uns, Gott, sei mit uns auf unseren Wegen.
   Gottesdienstleiter legt das erdfarbene Tuch als Weg auf den Boden.

Sei Quelle und Brot in Wüstennot, sei um uns mit deinem Segen.
   Zwei Kinder bringen die Schale mit Brot und die Wasserkanne und stellen sie auf den erdfarbenen Weg.

Strophe 2:
Bewahre uns, Gott, behüte uns, Gott, sei mit uns in allem Leiden.
   GottesdienstleiterIn legt das rote Tuch im Anschluss an das erdfarbene als Weg auf den Boden.

Voll Wärme und Licht im Angesicht, sei nahe in schweren Zeiten.
   Zwei Kinder bringen je eine brennende Kerze mit Kerzenständer und stellen sie auf den roten Weg.

Strophe 3:
Bewahre uns, Gott, behüte uns, Gott, sei mit uns vor allem Bösen.
   GottesdienstleiterIn legt das schwarze Tuch im Anschluss an das rote als Weg auf den Boden.

Sei Hilfe, sei Kraft, die Frieden schafft, sei in uns, uns zu erlösen.
   Ein Kind legt das Kreuz auf das schwarze Tuch.

Strophe 4:
Bewahre uns, Gott, behüte uns, Gott, sei mit uns durch deinen Segen.
   GottesdienstleiterIn legt das hellblaue Tuch im Anschluss an das schwarze als Weg auf den Boden.

Dein Heiliger Geist, der Leben verheißt, sei um uns auf unsern Wegen.
Ein Kind legt die Taube auf das hellblaue Tuch.

Anschließend Schlusssegen.

Von den Fragen der Kinder ausgehen

Katrin Bederna | Dietlind Mus
Gottesdienste für den
Elementarbereich
Mit der Kirchenmaus fragen,
staunen, feiern
128 Seiten | Paperback
ISBN 978-3-451-31089-8

Das Buch bietet eine Einführung in die Kindertheologie im Elementarbereich, von der die Gottesdienste mit der Kirchenmaus inspiriert sind. Es stellt dar, welche Überlegungen zu diesen Gottesdiensten führten und welchem Grundgedanken die Gottesdienste folgen. Der Hauptteil des Buches besteht aus ausführlichen Praxisbeispielen mit Dialogen, Aktionen, Liedern, Gebeten und praktischen Hinweisen.

In jeder Buchhandlung

HERDER

www.herder.de